职业农民经营管理技能培训教材

中华全国供销合作总社培训中心　组编

金 盾 出 版 社

内 容 提 要

本书围绕职业农民在经营管理方面所需要的技能，介绍了新型职业农民的思维变革与创新、职业农民与新型农业经营主体的融合、农产品品牌塑造与推广策略、农产品采购商选择与谈判策略、农产品进超市流程与策略、农产品网上销售策略、农产品销售渠道创新、农产品定价策略与技巧、国家涉农项目申报、新型农村合作金融组织规范运营、农民合作社组织与管理以及职业农民的财务素养等12讲内容。内容新颖，语言通俗易懂，适合职业农民、涉农企业经营管理人员及农业院校相关专业师生阅读参考。

图书在版编目(CIP)数据

职业农民经营管理技能培训教材/中华全国供销合作总社培训中心组编．—北京：金盾出版社，2014.6(2019.12 重印)
ISBN 978-7-5082-9431-5

Ⅰ.①职… Ⅱ.①中… Ⅲ.①农业经营—技术培训—教材 Ⅳ.①F306

中国版本图书馆 CIP 数据核字(2014)第 105062 号

金盾出版社出版、总发行

北京市太平路 5 号(地铁万寿路站往南)
邮政编码：100036 电话：68214039 83219215
传真：68276683 网址：www.jdcbs.cn
北京印刷一厂印刷、装订
各地新华书店经销

开本：850×1168 1/32 印张：6.75 字数：93 千字
2019 年 12 月第 1 版第 4 次印刷
印数：15 001～18 000 册 定价：19.00 元

序

如何打造新型职业农民

长期以来，“贫穷”、“落后”、“素质差”是农民的真实写照，与能致富、有尊严、有保障的职业毫无关联。特别是青年农民，对农村生活的感情越来越薄，对施肥种田的兴趣越来越淡，虽然在城市里没有一片一瓦，但除非老了、干不动了，才会回到农村种田。因此，加大对新型职业农民和新型农业经营主体领办人的教育培训力度，不仅是2014年中央一号文件的工作部署，更是构建中国新型农业经营体系、解决未来“谁来种田”问题的战略要求。

新型职业农民应具备什么样的素质和能力，可以说仁者见仁，智者见智，更是一个系统工程。要成为一名出色的职业农民，除了具备科学生产、自我创富的能力外，还应具备一定的引领能力，即能够带动和指导本地村民共同致富的本领。

一是组织协调能力。通过领办或创办各类农民专业合作社，把广大同类的产业农民变分散为集中，变分歧为统一，变分力为合力，变单一为合作。实现四个“变”，就是职业农民发挥引领能力的重要表现。除了具备组织能力之外，还必须具备对外开展合作的协调能力。职业农民的自身能力毕竟有限，要想把农村经济搞得风生水起，必须学会巧借外力，整合外界资源夯实发展的后劲。比如，在资金上可与金融部门合作，建立“银社合一”的组织机构、在技术上可与大专院校对接、在物资上可与各大农资公司企业合作等。

二是团结协作的能力。传统的农民已经分散经营多年，即便成立了合作社，大多也是“生产在家”的运作模式。如何把农民的思想统一起来实现大合作，是理事长应具备的重要能力之一。现代农业的一个趋势是产品集中、销售集中、加工集中的大协作，客观要求产品的品牌统一、质量统一、包装统一。如果职业农民没有团结协作的能力，就很难形成生产的集约化、经营的规模化、销售的现代化和管理的标准化，和城里人活的一样有尊严的梦想也将离我们渐行渐远。

三是创新服务的能力。眼下，广大农民刚刚跨过温饱线，且由于气候、市场、家庭及个人身体的不确定性，抗风险的能力还很弱，稍不留意就会返贫。职业农民如果能够在资金扶持、技术指导、产品销路、预防天灾、权益维护等各个方面开展创新服务，引领的价值就能体现出来。

四是科学预测的能力。人无远虑，必有近忧。在市场经济条件下，做好预测，充分估计困难并做好迎接风险的挑战准备，尽量减少农业生产经营的损失，村民就会普遍感到靠得住、愿意跟着干。

五是品牌推广的能力。农业产品大都属于食品性质，关系到人们的身体健康与生命安全。因此，新型职业农民要树立全新的社会责任意识，像爱护自己家人一样守护产品的质量，才能把产品打造成“百年老酒”。

在市场经济条件下，带动本地区农业经济发展，引领村民共同致富，对新型职业农民来说并不是一项容易的事业。因此，应当加强以下几个方面的修养：一是加强学习，学习是提高素质和能力最基本的途径。只有树立终身学习理念，不断加强自身学习，才能逐步充实自己，完善自我，走向卓越。我们编写了《职业农民经营管理技能培训教材》，希望通过简练的语言，通俗的案例，朴实的道理，告诉职业农民如何才能学有所获、学以致用。二是注重实践。“一千个嘴把式，顶不上一个手把式，”实践是最好的老师。职业农民在认真学习《职业农民经营管理技能培训教材》知识点的基础上，还需将思考、想法、问题带到实践中去验证，并改进完善，才能找到提升自己能力和水平的钥匙。三是勤于记录。“有个好脑瓜，不顶一段烂笔头”，从历史和现实来看，凡是成功者，在注重实践的同时，无不勤于记录，善于总结。成功的关键要素＝行动＋记录＋总结。为此，我们在书中的每一讲都留有思考题和记录空白页，只要勤动笔，就能有长进。四是学会沟通。只有沟通有效、分享及时，才能化解农业生产经济活动中的矛盾和问题。五是积极的进取心。常言道：“红糖甜，白糖甜，不如劳动果实甜”，传统农民到职业农民的转变，是在不断进取的行动中完成的。

本教材主笔人有（按姓氏笔画排序）：王军（第三、六、八讲），孙艺军（第九、十、十一讲），邢敏（第四讲），杨谦（第一讲），高其富（第十二讲），温琦（第二、五、七讲）。本书主编杨谦、孙艺军，执行主编庄一敏。

中华全国供销合作总社培训中心副书记

目　录

第一讲　出水不再两腿泥
——新型职业农民的思维变革与创新

第二讲　八仙过海,各显神通
——职业农民与新型农业经营主体的融合

第三讲　十里认人,百里认衣
——农产品品牌塑造与推广策略

第四讲　选对媒人，嫁女不愁
——农产品采购商选择与谈判策略

第五讲　先有金刚钻，再揽瓷器活
——农产品进超市流程与策略

第六讲　指尖上的生意
——农产品网上销售策略

第七讲　药对方，一口汤
——农产品销售渠道创新

第八讲　便宜没好货，好货不便宜
——农产品定价策略与技巧

第九讲　马有夜草脚力足
——国家涉农项目申报

第十讲　土堆土成墙,人帮人成城
——新型农村合作金融组织规范运营

第十一讲　从一根筷子到一把筷子
——农民合作社组织与管理

第十二讲　不会算，一年辛苦全白干
——职业农民的基本财务素养

第一讲

出水不再两腿泥

——新型职业农民的思维变革与创新

“出水两腿泥”，“背朝黄土、面朝天”，“靠天吃饭”是传统农民的写真、记录和无奈的结果。但是，这样的生产方式已经明显不能适应农业现代化的战略要求。因此，认清形势、变革思维、创新服务，在发展现代农业的过程中，大批新型职业农民呼之欲出。未来的职业农民出水不再两腿泥，农民将成为一个体面的职业。

【案　例】

从农民身份向职业农民的转变[①]

现年50岁的胡建新是湖北省荆州市公安县闸口镇榨岭新村村民,1981年高中毕业后回乡务农。2009年,胡建新流转了村里720亩农田,加上自己原有的承包地,种植面积达到了762亩。他先后投入60多万元添置灌溉设备,对低湖田进行土地平整,开挖沟渠,改善基本生产条件。

老胡的飞跃主要得益于职业农民培训工程。2012年,公安县被确定为全国新型职业农民培育试点县后,该县农业局把胡建新纳入重点培育对象,在科技培训、技术指导、新品种、新技术、新模式等方面加大扶持力度。该县利用“阳光工程”职业技能培训、专项技术培训资金对他进行农业科学技术知识培训;通过各项优农、惠农政策扶持,帮他筹措了20多万元资金对土地进行改良。县农业

① 摘自2014年1月22日《农民日报》08版

局技术人员随叫随到，亲自上门服务，帮助老胡从选用优质品种从事种植、进行生产技术指导和病虫害防治，到帮助他与当地大型粮食加工企业签订订单收购协议，彻底为他解决了粮食生产和销售中面临的问题。2013年，胡建新农田全年种植养殖纯收入达74.84万元。

胡建新靠种粮发了家，也带动了乡亲共同致富。几年来，他通过“传、帮、带”的方式，手把手地给村民传授技术，带出了20多个种田大户。在他的带动帮扶下，榨岭新村涌现出一批种粮能手。

胡建新成功地在农业经营中发家致富，还带动了乡亲们走上共同富裕的路子。他的成功不是偶然的，也不仅仅是靠吃苦流汗。在政府相关部门的辅导下，他从一个普通的农民成为了懂政策、有技术、会管理、熟市场的职业农民。

一、从农民身份到职业农民

党的十八大报告指出，解决好农业农村

农民问题是全党工作重中之重，要坚持工业反哺农业、城市支持农村和多予少取放活方针，加大强农惠农富农政策力度，让广大农民平等参与现代化进程、共同分享现代化成果。2014中央一号文件提出，要加大对新型职业农民和新型农业经营主体领办人的教育培训力度。近几年来，对职业农民的培育越来越受到社会各界的重视，农业部更提出了三年内培养100万职业农民的目标。

（一）职业农民呼之欲出

长期以来，我国实行二元结构户籍制度，出现了“农业户口”与“非农业户口”这种户籍制度，农业户口就成了农民身份的标志，即便你在外从事非农业工作数十年只要身份没有变更，社会仍然会认为你是农民。所以户口成为界定农民与非农民的不可逾越的铁丝网。如今，随着农业产业化和新型城镇化的不断推进，农民这个词的含义也开始发生了变化。农民已经不再是身份的标志，而逐渐成为农业产业从业人员的一种类别，即一种职业。什么是职业农民？

职业农民是指具有科学文化素质、掌握现代农业生产技能、具备一定经营管理能力，以农业生产、经营或服务作为主要职业，以农业收入作为主要生活来源，居住在农村或集镇的农业从业人员。

农业是一种最古老的职业，它是早期人类社会生存的基本职业之一。人类存活就必须需要食物，光狩猎是无法满足生存需要的，因此人类发展很大程度上是由农业这个古老的职业来决定的。自从人类进入了阶级社会以后，随着职业分工和等级制度实施，特别是进入了工业化发展之后，农民的地位随着农业产业比重的下降不那么重要了，社会地位也不那么受人重视了，人们的观念中轻农的意识越来越普遍了。这些不正确的认识和观念，在我们国家由于二元结构的户籍制度而更加严重。

改革开放30多年来，中国经济最大的变化之一就是农业、农村的变化，种地的职业化要求越来越明显。联产承包责任制极大地激发了农民的生产热情，改变了中国农业面貌。但是，由于家庭经营土地规模狭小，农业的效益越来越难以养活数以亿计的农民，大量的农民转移到城市，一部分土地向种田大户集中，目前又开始向合作社集中。城市市场的需求对农业的影响也越来越大，地越来越不好种，很多农民辛辛苦苦一年下来，那点收入还抵不了生产的投入。所以，传统的那种面朝黄土背朝天的辛苦付出不行了，手上的老茧已经拼不过嘴上的名词了。这说明，中国的农民也真正到了职业化的转变阶段。职业农民，或者说职业的种地人群体呼之欲出。

（二）职业农民培育政策

政府对职业农民的培育高度重视。2005 年，农业部在《关于实施农村实用人才培养“百万中专生计划”的意见》中首次提出培养职业农民。2006 年年初，农业部进一步提出招收 10 万名具有初中以上文化程度，从事农业生产、经营、服务以及农村经济社会发展等领域的职业农民，把他们培养成有文化、懂技术、会经营的农村专业人才。2007 年 1 月，《中共中央国务院关于积极发展现代农业扎实推进社会主义新农村建设的若干意见》首次正式提出培养“有文化、懂技术、会经营”的新型农民。2007年10月，新型农民的培养问题写进党的十七大报告。尽管提法不同，其实职业农民、新型农民提出其目的都是一致的，既有区别，也有联系。那就是希望能够通过政府推动、产业吸引、农民转型，逐步把中国的农业从业者培养成为从事农业生产和经营，以获取商业利润为目的的职业群体。

二、从面朝黄土到面向市场

（一）职业农民与传统农民最大的区别是什么

我们认为，最大的区别在于传统的农民种地只知道如何把地种好，而今天的农民不能仅仅是把地种好，最重要的是把地里的产品卖好，求得一个好收成。按照收成的需求种地，是职业农民最重要的专业素养。这也就是为什么现在很多农民感叹自己突然不会种地的道理。所以，传统农民向专业农民转变必须做到从面向黄土到面向市场。

今天的农民不能仅仅是把地种好，最重要的是把地里的产品卖好，求得一个好收成。按照收成的需求种地，是职业农民最重要的专业素养。

面向市场的转变，对传统的农民来说可能是非常困难的，因为，从整体情况看，农民对市场的不适应还非常的明显。

（二）我国农民的整体现状

1. 受教育水平总体上不高，影响了市场观念的接受程度

据相关调查结果显示：自1985年到2011年的20年里，不识字或是识字很少的农民比重由27.9％下降到7.5％；小学教育程度农民所占比重由37.1％下降到29.2％；受到初中教育的农民比重由27.7％上升到50.4％；受到初中以上教育的农民比重达到12.9％。从这些数据可看出，我国农民的文化素质虽然已经大幅度提高，但是，这种扫盲式的教育离建立真正先进的思想观念和文化观念还有一段距离，特别是市场经济要求的自主自强、勇于创新的精神普遍不足。

2.科技素质相对偏低,参与技能培训的积极性不高

调查显示:我国农村居民参与技能认证和职业教育的总体水平偏低,全国平均参与率为6%左右。对非农专项技术技能的掌握程度相对不高,技能结构比较单一,对非农专项技能的学习需求潜力较大。不少农民对新技术持怀疑态度,对参与技能培训的意愿不够明朗或者态度消极。这也使得不少对农业发展提供帮助的实用技术推广起来比较困难。显然,这样的农民很难适应农业现代化的需要。

3.市场应对能力和经营管理意识不足

应该说,改革开放30多年,我国农民对价格、质量和成本的意识已经比较强了,但是如何在应对市场变化和如何开拓市场空间方面,依然处于十分朴素的阶段,缺少基本的理论,不了解基本的策略,也缺乏创新意识。而更加缺乏的是如何提升组织化水平,例如如何通过合作社来提升自我应对市场的能力、抵御市场的风险不是很积极,目前全国只有20%的农民加入了各种专业合作社。而很多合作社组织起来也不会经营管理,难以发挥出组织的合力。

4.政策理解力不强，法律意识还比较淡漠

我国农民对政策的需求非常强烈，他们知道中央国务院非常重视三农问题，每年都会有对三农的优惠政策，但是农民通常对政策的解读能力比较弱，因而很难把政策用足用好。而在法律方面，则存在很大的欠缺。相当多的农民有重政策轻法律的倾向。他们对农业法、森林法、土地管理法和农业技术推广法等与农业生产密切关联的法律法规不了解，对自己所具有的法律权益也了解不足，在参与市场经济活动中，不善于运用法律武器来捍卫自身权益。

（三）重新认识农业发展的新变化

对农民来说，面向市场，就是要重新认识农业，认识农产品，重新学习农产品营销的知识，提升自己的能力。这不仅是传统农民的必修课，而且是所有投入农业产业，立志于成为职业农民的人们共同的必修课。面向市场，就必须了解农业已经发生的变化。

1. 农业已经是市场化程度非常高的产业

尽管政府对农业仍然有一些扶持政策，甚至直接给农业进行补贴，但是经过30多年的改革，农业的市场化程度已经很高了，最明显的标志就是农产品受市场影响的波动最大，起伏最剧烈，而各方力量又最无奈。市场不相信眼泪这句话，这几年我们体会越来越深，看不见的手起了最大的作用。所以，任何对农业的投入，都要有市场观念，都要面向市场。

2. 农业已经是技术密集程度很高的产业

过去都认为农业没有什么技术含量，种地就是要靠经验。而如今很多老农民都发现自己不会种地了。没有测土配方不会施肥；不找庄稼医生不会打药；不用农业机械不知道怎么扩大规模；不建个大棚不知道该怎么种地；不看互联网不知道做买卖，等等。其实今天的农业已经凝聚了太多的科学技术，不掌握现代科技，就无法提高竞争力，也就无法获得好收成。

3. 农业已经是信息化程度很高的产业

干农业其实与做其他产业一样，都要了解信息。没有信息，就像聋子和瞎子，不知道往哪里努力。随着互联网、物联网、大数据的逐步应用，农业也将有更多的机会融入现代流通体系、金融体系和物流体系。销售方式、销售渠道等都随着信息社会的发展不断变化，给农业带来越来越多的机会和利好。

4. 农业已经是资本投入热情很高的产业

农业是一个投入比较大，回报期比较长的产业。过去很长一段时间，资本比较不愿意进入农业。但是随着社会对食品安全和粮食安全的重视，随着国家对农业政策的进一步优化，特别是农业所具有的长期稳定的回报特点，近几年农业越来越成为投资的热点。2013 年的褚橙、柳桃、潘苹果以及美国车厘子的热点现象，都预示着国际国内资本对农业的看好。

5. 农业已经是国际化程度很高的产业

中国加入 WTO 以后，中国的农业就已经和全球市场接轨了。今天，你就是在偏远地区经营农业，也可能处于全球化的影响之中。例如,2003 年,美国发现一宗疑似疯牛病,这头倒霉的"疯牛"很快冲击美国总产值高达 1750 亿美元的牛肉产业,影响了 140 万个工作岗位;而作为养牛业主要饲料来源的美国玉米和大豆业,也受到波及,此后美国消费者对牛肉产品出现的信心下降,又影响了美国国内的餐饮企业的萧条,并且开始扩散到了全球,远在大洋彼岸中国居民也一时对西式餐饮敬而远之。这一切使刚刚复苏的美国经济带来一场破坏性很强的飓风。这就是所谓的"蝴蝶翅膀"。美国的一只蝴蝶轻轻扇动翅膀,全世界都可能刮起飓风。

6. 农业已经是集约化程度很高的产业

农业虽然是以家庭经营为主,但并不是说一家一户与他人老死不相往来,没有规模效益,就没有竞争力。不过,在农业领域,集约化更多的是以合作社的形式实现的。所以,联合起来共同致富,在农村就是实行互相帮助的合作制度。2007 年《农民专业合作社法》颁布以来,已经有超过 100 万家的合作社,但是这些合作社大部分规模还不是很大。随着更多的职业农民的出现,相信一定会带动合作社有更好的发展前景。

三、从补地力到补脑力

要成为一个职业农民，最重要的不是要知道怎么用肥，而是要知道怎么用脑。上述情况说明，目前绝大多数的农民离职业农民还有相当的距离，因此需要经过一定的培训。

（一）新型职业农民的分类

按照农业部的规划，培育新型职业农民，主要分为三类（见表 1-1）。

表 1-1　新型职业农民的分类

类　型	基本要求
生产型职业农民	要掌握一定的农业生产技术，有较丰富的农业生产经验，直接从事园艺、鲜活食品、经济作物、创汇农业等附加值较高的农业生产活动
服务型职业农民	要掌握一定农业服务技能，并服务于农业产前、产中和产后各种社会化服务活动
经营型职业农民	要有一定资金或技术，掌握农业生产技术，有较强的农业生产经营管理经验，主要从事农业生产的经营管理工作

（二）新型职业农民应具备的基本能力

新型职业农民是现代农业从业者。培训职业农民，就要深入研究现代农业特别是现代农业产业发展的要求，按照专业化、集约化、规模化的现代农业生产经营要求和家庭农场的经营管理模式，把现代经营理念和核心生产技术培训结合起来，把生产过程管理和市场营销策略结合起来，把家庭经营水平和合作社经营管理结合起来，把提高收入能力和创业能力结合起来，把政策法律运用和公共关系协调结合，以熟练掌握职业技能和提升经营能力为基本目标。不同类型的职业农民应该有不同的培训要求，知识结构和技能结构都是不一样的。不过，对于职业农民来说，首先是要把握最基本的素质要求。我们认为，合格的职业农民一定要具备以下基本的能力。

1. 政策解读能力

政府十分重视三农问题，每年都会围绕三农问题出台系列优惠政策。这些政策的核心就是为农民创造良好的外部发展环境。政策的涉及面通常会涵盖三农问题的方方面面。有的政策可能会给农民带来直接的利益，有的政策可能会帮助农民得到更多的资源，有的政策可能会使农民得到更多的协助，有的政策则可能让农民避免损失。所以经营农业，必须了解和运用各种有利的政策。

2. 客户需求理念

今天的农业，早已经是市场化程度很高的产业，不能仅仅埋头种地，必须了解现在种地是为客户服务，而不仅仅是为了自己卖点农产品。只有符合客户的需求，种地的结果才可能是理想的。现在对农产品的需求已经从量到质，发生了根本的变化，安全、健康、新奇、独特、有机甚至观感、休闲等等都是客户的需求点，中国的和外国的客户之间可能还有很多文化上的差异。以客户需求为导向，这应该是新型职业农民与传统农民之间最大的思想差别。也只有把客户的需求理念植根于头脑中，才有做一个合格职业农民的基础。

3. 技术学习能力

科学技术在农业中的应用越来越广泛，今天经营农业要真正满足客户的需要，技术是非常重要的要素。例如，要满足客户的有机需求，就必须掌握有机种植技术；要满足客户的口感要求，就要在种植过程中调整水、肥、阳光以及其他种植方式，以使产品保持特定的味道；要满足客户猎奇的需求，就要不断学习新的种植技术和方法，或者引入新的品种，或者得出新的效果。总之，不同的种植项目会有不同的技术。农业是一种养护生命的产业，其技术的复杂程度既依赖于标准化的技术推广，也要依赖种植者不断地总结提升。所以，职业农民不仅仅是学习1～2门技术，重要的是有较强的技术学习能力，能够不断吸收新的技术方法，不断提升自己的种植水平。

4. 信息运用能力

我们今天的社会已经完全是一个互联网社会。一张看不见的网络把世界连为一体，所以有本书叫《世界是平的》，在全世界畅销。这个网络加上全球经济一体化，让我们无论处于世界的哪一个角落，无论从事什么产业，都不能脱离信息社会。现代农业不仅已经产业化、集约化，而且已经全球化、信息化。所以，今天作为一个职业农民，真的要胸怀全球，即随时要关注相关的信息，善于利用互联网,了解互联网带来的信息渠道的扩展和商业模式的变革。

5. 创业发展能力

从本质上说,职业农民不是简单的种地,也不是简单的卖农产品,而是在经营农业,或者说经营一个事业,因此他更多的是一个创业者。随着家庭农场制度的完善和农民合作社逐步的普及,职业农民不仅可能是一个农场主,还可能是一个合作社的管理者。所以,创业发展能力是一种综合能力,是以上几乎能力的集大成。对职业农民来说,创业过程可能与城市创业者有很大的不同,除了农业作为一个弱势产业会有一些先天不足以外,更重要的可能还是职业农民在创业路上碰到的困难会更多。农村依然是能人社会,一个职业农民很有可能就是一个村比较有能力的人,天然就要扮演领导者的角色,既要照顾好自己的土地,又要带头示范,还要学会经营管理,几乎样样都要懂。所以,作为一个职业农民,要有战略头脑、市场眼光、核心技术、管理手段,还要有克服困难的毅力和成就事业的恒心。

正如篇首的案例所显示的,农民的职业

化，不仅对中国农业的发展有重要的意义，而且对农民自身更有着现实的利益。培育职业农民实际上就是国家促进农民致富的新措施和新政策。胡建新的成功为广大农民树立了榜样，也为职业农民描绘了美好的前景。

思考题：

1. 职业农民分为哪几种类型？
2. 职业农民应具有哪些基本素质？
3. 应该怎么认识中国农业发生的变化？

第二 讲

八仙过海，各显神通

——职业农民与新型农业经营主体的融合

八仙能过海，各有各的招。农民要致富，关键在思路。家庭农场、农民合作社、龙头企业和专业大户，都是职业农民奔小康的新出路。

随着农村劳动力大量向城镇转移，谁来种地的问题凸现。通过培育新的农村生产经营主体，形成规模化、专业化、集约化和市场化的现代农业生产经营方式，是解决农村劳动力不足和土地撂荒的根本出路，同时，也为职业农民如何开展农业生产经营提供了更多的选择。

一、新型农业经营主体的主要类型

2014 年中央一号文件中对新型农业经营主体的界定有三句话：一是鼓励发展专业合作、股份合作等多种形式的农民合作社；二是按照自愿原则开展家庭农场登记；三是鼓励发展混合所有制农业产业化龙头企业。具体来讲，农业经营主体主要有以下几种类型：

（一）专业大户

专业大户是统指那些种植或养殖生产规模明显大于当地传统农户的专业化农户。具体而言表现在某一农业产业收入占 50%以上的农户，或者流转了别人的土地达到一定规模，或者养殖业达到一定规模，但区别并不严格。

【案　例】

河南南阳对专业大户的规定是：①从事种植业（包括种粮大户、种草大户、种果大户、特色种植大户、苗木大户），种植面积50亩以上。②从事“四荒”开发大户在200亩以上。③从事养殖业大户，养奶牛10头以上，肉牛50头以上，羊200只以上，鸡5 000只以上，猪200头以上。④从事农产品营销大户，年销售额在50万元以上。⑤从事农产品加工大户，资产规模达到50万元以上。

【案　例】

重庆市万州区对专业大户分类进行规定，按照种植业、养殖业、加工业和其他四类分别设定条件。如养殖业：实行专人专业化养殖，具备规模养殖所需的基本条件（有房舍、池塘、饲料、饲草资源、技术等），并符合下列条件之一即可。①年饲养奶牛10头以上，肉牛30头以上，山羊50只以上，商品猪年出栏100头以上，兔常年饲养量200只以上，年饲养家禽2000只以上，年饲养蚕10张以上，养鱼5吨以上。②自产农产品年综合销售收入人均1万元以上。又如其他分类的条件有：①服务对象以万州内的农业、农村、农民为主，包括农用生产资料供应、农副产品贩运（不含纯运输业）、农业机械化服务、农业科技信息咨询服务等，年经营收入人均3万元以上。②农村劳务经纪人年输送劳务在100人以上。

（二）家庭农场

1. 什么是家庭农场

家庭农场原是指欧美国家的大规模经营农户。2007年党的十七届三中全会提出在有条件的地方可以发展家庭农场，由此家庭农场成为我国新型农业经营主体的一个重要类型（表2-1）。

表 2-1　家庭农场的定义与条件

文件	《农业部关于做好 2013 年农业农村经济工作的意见》(农发[2013]1 号)
定义	以家庭成员为主要劳动力，从事农业规模化、集约化、商品化生产经营，并以农业为主要收入来源的新型农业经营主体
条件	①家庭农场经营者应具有农村户籍(即非城镇居民)； ②以家庭成员为主要劳动力。即：无常年雇工或常年雇工数量不超过家庭务农人员数量； ③以农业收入为主。即：农业净收入占家庭农场总收益的 80%以上； ④经营规模达到一定标准并相对稳定。即：从事粮食作物的，租期或承包期在 5 年以上的土地经营面积达到 50 亩(一年两熟制地区)或 100 亩(一年一熟制地区)以上；从事经济作物、养殖业或种养结合的，应达到当地县级以上农业部门确定的规模标准； ⑤家庭农场经营者应接受过农业技能培训； ⑥家庭农场经营活动有比较完整的财务收支记录； ⑦对其他农户开展农业生产有示范带动作用

由此看出，家庭农场的基本特点是土地经营规模较大、土地流转关系稳定、集约化水平较高、管理水平较高等。和一般专业大户相比，家庭农场在集约化水平、经营管理水平、生产经营稳定性等方面做了进一步的要

求。专业大户和家庭农场仍然属于家庭经营。

2. 经营家庭农场有什么好处

①家庭农场整合应用了先进的农业科技、良种、良法、农机作业，示范推广了农业高新科技，节约了生产成本。

②家庭农场参加了农业保险，增强了抵御自然灾害的能力。它得到政府扶持资金，能不断扩大种养殖规模，提高经济效益，增加示范效应。

③家庭农场按有机农业标准化技术生产，应用安全放心农资，生产出的农产品有机、环保，吃得放心，有订单，不愁销路，种出的农产品能获得很好的经济效益。

④创办人通过租赁获得农民的土地，家庭农场使闲置的土地发挥了最大效益。

⑤家庭农场是现代农业的发展方向，是进一步加快农业发展，示范推广农业新科技，提高科技贡献率的有效途径。

3. 家庭农场的扶持政策有哪些

(1)上海松江区　现金补贴：①农资综合直补 76 元/亩；②水稻种植补贴 150 元/亩；③土地流转费补贴 100 元/亩，面积以

80～200亩为标准；④家庭农场生产管理考核补贴100元/亩，全年分两次考核，根据考核结果确定补贴标准；⑤绿肥种植补贴200元/亩。物化补贴：①药剂补贴22.5元/亩；②水稻良种补贴常规稻16元/亩、杂交稻25元/亩；③二麦种子补贴小麦35元/亩，大麦35元/亩；④绿肥种子补贴（以实物形式发放）。

(2) 吉林延边　①对家庭农场贷款贴息；②注册登记的家庭农场可享受到各项国家农业财政补贴政策；③对水田、蔬菜和经济作物种植面积50公顷以上、旱田100公顷以上的家庭农场，扩大到一次性享受5台农机购置补贴；④对家庭农场农作物保险给予补贴；⑤加大资金支持力度；⑥实施税收优惠政策；⑦家庭农场经营者可以使用集体土地建设生产经营用临时建筑物。

(3) 武汉　可获财政补贴4万元，采用先建后补形式发放。

4. 如何经营家庭农场

要成为一个合格的农场主，不仅要有资金，还要懂技术，以及具备与众不同的经营思路。

一是要找准特色定位，针对当地的农业资源，选择最适合自己发展的种植业或者畜牧业，当地政府也应做好相应的服务工作，帮助农民找准定位。

二是管理者要找“内行”，无论是家庭成员，还是请人帮工，都要让专业的人来做事，一个对农业一窍不通的城里人是不可能搞好农场的。

三是要熟悉市场运作，事先就要搭建好销售渠道，避免“菜贱伤农”。

四是要舍得投入基础设施，事先要有谋划，对于水利、电力、沟渠等设施要有规划，最好做一份计划书。

五是要充分利用好农业政策。最新的中央一号文件称，要增加农业补贴资金规模，新增补贴要向主产区和优势产区集中，向专业大户、家庭农场、农民合作社等新型生产经营主体倾斜。

(三)农民合作社

目前，我国关于农民专业合作社的法律体系基本建立，发展速度迅猛(具体内容参考第 11 讲)。股份合作社等其他形式的合作社尚在实践与探索中。

（四）农业企业（农业产业化龙头企业）

农业产业化龙头企业是通过订单合同、合作等方式带动农户进入市场，实行产加销、贸工农一体化的农产品加工或流通企业。和其他新型农业经营主体相比，龙头企业具有雄厚的经济实力、先进的生产技术和现代化的经营管理人才，能够与现代化大市场直接对接。因此，引导龙头企业与合作组织有效对接，是国家重点支持的方向。

《国务院关于支持农业产业化龙头企业发展的意见》（国发〔2012〕10 号）中指出，支持农民专业合作社和农户入股龙头企业，支持农民专业合作社兴办龙头企业，实现龙头企业与农民专业合作社深度融合。

（五）经营性农业服务组织

经营性农业服务组织是指在产前、产中和产后各环节为农业生产提供专业化、市场化服务的经济组织，包括专业服务公司、专业服务队、农民经纪人等。经营农业服务组织为小规模农户提供农机作业、病虫害防治、技术指导、产品购销、储藏运输等服务，解决了农户一家一户办不了、办不好的事情，降低了农户生产成本，提高了农户的资源要素利用效率。

二、各类新型农业经营主体的作用

各类新型农业经营主体根据自身的特点，发挥着互补的作用，从而形成以专业大户和家庭农场为基础，以农民合作社、龙头企业和各类经营性服务组织为支撑，多种生产经营组织共同协作、相互融合、具有中国特色的新型农业经营体系，推动传统农业向现代农业转变。

专业大户、家庭农场作为规模化生产主体，承担着农产品生产及对小规模农户示范的功能，应向采用先进科技和生产手段的方向转变，增加技术、资本等生产要素投入，着力提高集约化水平。

农民合作社具有带动散户、组织大户、对接企业、联结市场的功能，应成为引领农民进入国内外市场的主要经营组织，发挥其提升农民组织化程度的作用。

龙头企业是先进生产要素的集成，具有资金、技术、人才、设备等方面的比较优势，应主要在产业链中更多承担农产品加工和市场营销的作用，并为农户提供产前、产中、产后的各类生产性服务，但不宜长时间、大面积租种农民土地直接耕种。随着农民进城落户步伐加快以及户均耕地的逐步增加，专业大户和家庭农场未来有很大的发展空间，或将成为职业农民的中坚力量。

三、职业农民与新型农业经营主体的融合

从以上分析可以看出，我们主要从现代农业生产经营的组织形态上对新型农业经营主体的培育进行了阐述。在实践中，新型农业经营主体的培育离不开人的因素，即职业农民主动参与。只要职业农民真正融入到新型农业经营主体培育的变革中，就能实现脱胎换骨的转型。

（一）种田大户集中经营

种田专业大户要充分利用国家土地流转

政策，引导村民按其意愿，选择性地将其土地以转包、转让、出租等形式，开展集中经营。通过引用新品种、运用新技术、使用大机械作业，降低生产成本，提高粮食产量。

（二）土地入股合作经营

有条件的职业农民可以入股组建注册合作社的形式，通过带地、带机、带资金、带技术入股等方式，将分散生产的农户组织起来，统一生产、统一经营，提高农产品的市场竞争力和农民收入水平。

（三）龙头企业带动经营

职业农民可以依托农业龙头企业，以“公司＋农户”形式发展“订单农业”。这种模式既为企业解决了土地、劳动力、原料问题，也为职业农民解决了生产投入、粮食销售等问题，实现了农民与企业双赢。

（四）家庭农场经营

职业农民通过实施“两自”、“四到户”（即生产费、生活费自理，土地到户、农机到户、核算到户、盈亏风险责任到户）为主要特征的大农场套小农场的统分结合的双层经营体制，使家庭农场成为自主经营、自负盈亏、自我发展、自我约束的市场经营主体。

（五）非农人口承包经营

职业农民整合有一定经济基础、对农业感兴趣的个别城镇人口投资农业领域，利用他们手中的资金承包土地、购置农机具，雇佣专人从事农业生产。

（六）职业农民带动示范效应

职业农民需要把自己打造成为有实力、懂管理、会经营的农村“老板”和农业经理人，成为“农村‘老板’＋农业经理人＋新型职业农民”的复合型人才，带领一方群众致富。

思考题：

1. 请阐述新型农业经营主体的内涵及主要类型。

2. 请阐述各类新型农业经营主体的作用是什么。

3. 请详细阐述职业农民如何参与新型农业经营主体培育的实践。

第三讲

十里认人，百里认衣

——农产品品牌塑造与推广策略

农产品不在家门口打转转，远走到大城市，是职业农民日想夜盼的美事儿。大家都懂得“十里认人，百里认衣”的常识，但是，一用到产品的品牌上就发懵了。道理很简单，我们出门走亲戚也还要捯饬捯饬，品牌要进城，更需要精心的打扮，才能被城里人稀罕。

【案　例】

“山里佬”品牌怎样进入大城市[①]

安徽绩溪县山里佬徽菜原料专业合作社的“山里佬”品牌已经走进北京、上海、广州等国内大城市。“山里佬”作为自主特色的品牌具有特殊的寓意，不仅能告诉消费者合作社农产品的来源，同时将“山里佬”所代表的那种农民朴实无华的气息赋予到产品上，让消费者知道产品更注重的是质量而不是虚有其表的宣传。2010 年，“山里佬”的 400 亩生态茶园和 500 亩有机山核桃基地获得了国家有机农产品的认证。其生产的山核桃和燕竹笋两大优势农产品还进行了农产品地理标志的申请。

“山里佬”走进了大城市，并被市场广泛接受，品牌营销是农产品决胜大城市的利器。

① 摘自 2011 年 7 月《中华合作时报》

一、为什么要塑造农产品品牌

品牌是用以识别一个或一群产品或服务的名称、术语、象征、符号或设计及其组合，使其与其他竞争产品或服务相区别。农产品的品牌一定要有外延，包括产地、工艺、管理、品种、运输过程等，将这些要素综合包装起来就能形成一个品牌。

（一）促进农产品销售

塑造农产品品牌，有利于宣传推广农产品，培养顾客对品牌的忠诚度，使广大顾客把某种农产品的品牌同其生产者、产品质量与特色联系在一起，达到刺激消费者产生购买欲望的效果。

（二）监督保证农产品质量

品牌是产品质量的象征，塑造农产品品牌可以促使生产者坚持按标准生产产品，保证产品质量的稳定，兑现注册商标时的承诺。如生产者降低产品质量，管理机关便可加以监督和制止，维护消费者的利益。

（三）实现农产品的价值增加

品牌是用以识别一个或一群产品或服务的名称、术语、象征、符号或设计及其组合，使其与其他竞争产品或服务相区别。塑造农产品品牌有利于生产者依据优质优价的原则制定高的价格，获取垄断利润。例如一枚散装鸡蛋卖 4 角钱，德青源卖到 1.2 元。因为消费者买到的是安全生态鸡蛋，这就是品牌价值链给德青源鸡蛋带来的溢价空间。

二、如何塑造农产品品牌

当前，农产品品牌建设过程中存在着：品牌数量多，精品名牌少；同质化产品多，差异化产品少；初级产品多，精深加工产品少；单打独斗多，强强联合少；同类品牌多，地域品牌少等突出问题。那么，如何克服以上问题，打出自己的特色，在众多的竞争对手中脱颖而出呢？

（一）建立品牌价值链

快速打造品牌的五个发力点：抢产地、抢工艺、抢文化、抢标准、打造全产业链。

1. 抢产地

很多地方特色农产品以产地区隔，如：白洋淀的鸭蛋、阳澄湖大闸蟹、龙口粉丝、西湖龙井茶等。消费者对于农产品的地域性优势非常认可。因此，如果能够将产地的优势抢占为品牌价值链，将为品牌成为品类老大创造最重要砝码。

【案　例】

龙口粉丝具有300多年的悠久历史，龙口粉丝简直是我国优质粉丝的代名词，但是龙口粉丝却没有行业领导者。消费者对龙口粉丝的认识不清楚，离产地山东越远的区域越不清楚。龙大粉丝发现大好良机，抢先发声，一句"龙口粉丝，龙大造"。在中央台一播出立即引起轰动，订单雪花般飞向龙大，进货车排出几里路，生产人员连续加班生产。龙大集团巧妙抢占龙口粉丝产地优势，现在成为龙口粉丝代言人及粉丝品类老大。

2. 抢工艺

百年老店为什么经久不衰？王致和的臭

豆腐为啥就比别人的臭？乌江榨菜为什么成为涪陵榨菜的品类代言？这其中很重要的因素就是特殊工艺。对于百年老店或是特色小吃而言最关键的就是家传秘方或是独特工艺。因此，如果将“特殊工艺”拥为己有，并将特产工艺化限定，也将成为品牌最有竞争力的价值链。

【案　例】

一提起榨菜，在全国消费者的脑海中浮现出来的大多是四川、涪陵等地域的概念，说明这个行业只有传统名品，缺少领军品牌。乌江榨菜率先扛起品类代表的大旗，在榨菜品类里抢先发声！采取的重要举措就是将传统涪陵榨菜做法进行提炼抢占，“三清三洗”、“三腌三榨”，一下乌江榨菜跨越传统，成为正宗涪陵榨菜的代表。

3. 抢文化

五千年灿烂文化，每一个特色产品都是有故事的。品牌故事背后就是地方特色文化的浓缩。抢占一方文化也是农产品品牌价值链打造的重要方法。

【案　例】

山西沁州黄小米，是中国最好的小米，但过去一直局限于粗加工和区域化。当地在品牌价值链构建上就采取贩卖文化历史牌。而沁州黄小米因为康熙皇帝的极度喜爱，也被奉为宫廷御粟，赐为“四大名米”之首。可以说，康熙皇帝是沁州黄小米最好的形象代言人。

4. 抢标准

做品牌的最高境界是做标准。做标准的经营者往往在行业最有发言权。

【案　例】

像“六个核桃”，“九个枣”，消费者已经不关心这个枣产自哪？是不是绿色、有机？数字量化是商品价值最好的传达方式。

5. 打造全产业链

全产业链是指由田间到餐桌所涵盖的种

植与采购、贸易/物流、食品原料/饲料、养殖/加工、分销/物流、品牌推广、食品销售等多个环节构成的完整的产业链系统。

【案 例】

全产业链是中粮集团提出的,中粮产品品类丰富,几乎包括了从原料生产到食品加工的所有环节。在上游,中粮集团从选种/选地,到种植/养殖等环节严格把控,宏观调控产品结构;在加工环节,中粮集团将实现对产品品质的全程控制,确保食品安全;在下游,中粮集团将通过技术研发和创新,向消费者提供更多的健康、营养的食品,最终实现"从田间到餐桌"的全产业链贯通。

(二)塑造品牌形象

农产品完成了品牌价值链构建,就像一个人有内涵。但是光有内涵还不够,还要有气质,气质就是外在表现,这主要靠包装。目前大多数的农产品包装相对土气,缺少让人眼前一亮的感觉,很多产品选择袋或者瓦楞纸箱包一下，或用竹篓、塑料编织袋包装，几十千克一件，更谈不上包装设计、品牌宣传了。事实上这样的包装往往让人感觉档次低，没有视觉冲击力，难以建立鲜明的品牌形象，无法吸引高端消费群的眼球。那么，农产品作为特产，如何做出个性，做出品位，与现代消费者的审美观接轨呢？

1. 原生态形象

农产品生产者最容易犯的错就是把形象做得太土，土不可怕，别土得掉渣。作为农产品品牌形象塑造而言，最好的外在美就是要有一套原生态外衣，原汁原味、原生淳朴，原生品位，原生态的风格人人喜欢。

2. 高端大气上档次形象

消费者有时候并不了解产品本质，往往借助于包装设计、品牌背书才能感觉到。每一个农产品背后都是有故事的，特色农产品的地域特点鲜明，在形象塑造上要注重地域特色和文化挖掘。在品牌背书上，一方面要切合消费者追求高品位文化的消费心理，同时将产品文化底蕴进行全面诠释与包装融为一体，烘托出品牌的文化气息。

3. 洋品牌的形象

由于中国消费者强烈的崇洋心理，也是很有市场。农产品也需要时尚，随着消费观念不断地发展，审美也在大幅度提高。农产品中西合璧，是叫好又叫座的品牌塑造之路。

4. 整合资源塑品牌

品牌不是产品价值的全部，在众多的品牌中只有少数品牌能够让人记得住，这给我们的启示就是要打破影响力差、知名度低的小品牌、杂牌，积极使用有影响力的品牌；通过注册地理标志，本区域的所有产品都打这一品牌，创造影响力。规模小的农户可以联合组建合作社，注册一个商标，用一个品牌。

(三)打造品牌名称

1. 要给自己的品牌取个好名字

在保证质量的前提下，给自己的农产品起一个好名字、注册一个好牌子，才会使名、优、特农产品身价倍增，名字起得好不好，会直接影响到销路。

【案 例】

有报道说一养猪大户，给自己生产的肉猪冠以“瘦八戒”商标后走俏市场。起名要把握以下原则：字数不要太长，名称朗朗上口、简单易记，符合健康、绿色、环保的行业特点。

2. 品牌要有权威认证

政府部门或相关协会等颁发的证书，例如产品通过有机认证，企业通过ISO认证等，以及品牌被评为中国驰名商标、国际著名商标等。

【案 例】

香飘飘广告：“在中国一年有十亿人次喝香飘飘”，表明了自己处于行业领先地位。

3. 切勿做山寨品牌

山寨品牌容易受到消费者的抵制，以及品牌拥有者的控诉。

【案 例】

常见的山寨品牌：大白兔——大白免、双汇——欢汇、奥里奥——奥里粤、特仑苏——特仓苏、露露——承德露露。这些品牌很大程度上对自己产品的不自信。

三、如何进行农产品品牌推广

（一）品牌推广方式方法

1. 终端媒体化

终端不只是产品销售的场所，还应该成为品牌宣传的全新媒体和通道。

【案 例】

仲景香菇酱的终端推广的做法，就是大规模的“试吃”。在大卖场、社区、学校、写字楼等大范围开展品尝活动，让更多的消费者尝起来，吃起来，最终流行起来。

2. 公关借势

公关借势就是利用媒体通过公关手段转化为增加品牌知名度和美誉度,帮助品牌引发多米诺骨牌式的口碑效应。在品牌传播上,要多通过公益活动和情感诉求,在承担企业社会责任的同时,提高品牌美誉度,使品牌快速深入人心。

【案　例】

以企业社会责任造势。蒙牛的“每天一斤奶,强壮中国人”就是通过看似公益的公益口号,一下子拉动了大规模的消费。

【案　例】

借新闻的势。以新闻带动品牌和产品的推广。习近平总书记去吃了一次庆丰包子,全国加盟庆丰包子连锁的客户大增,消费量也大增。现在的领导人都在走基层,是否可以借助这一平台,给产品打个免费广告。

3. 品牌植入

品牌植入就是别人搭台你唱戏。

【案　例】

《乡村爱情》中的大脚超市成了众多食品品牌植入的最好平台，每次谢大脚出来，总是在为蒙牛理货，墙体总能看到“每天一斤奶，强壮中国人”。而在《乡村爱情》第3部中，作为上海一家豆制品企业的清美食品更是全方位植入，一下使名不见经传的品牌家喻户晓。对于品牌植入，一年一度的春晚和央视一套《电视剧》及央视七套《乡约》、《致富经》等都是比较理想的平台。

4. 网络推广

通过网络展示品牌。黑龙江省供销合作社《中国寒地黑土网》公益官网实现与消费者互动。通过在各大论坛、门户类网站发布话题帖，引起点击和传动，成为热点新闻。网络主要展示哪些内容：生产者形象展示，包括生产者简介、荣誉，全面展示生产者的风采和实力；产品形象展示，分门别类地展示不同品牌的农产品，将一些不为外地人所知的优质农产品利用互联网推到前台；产品品牌形象展示，将一批中国驰名商标和省市级著名商标的展示，引领农产品品牌形象整体提升。

5. 终端推广

终端品牌推广集中体现在品牌宣传、品牌展示（包装）、摆放位置、导购员的介绍等方面。如何设计吸引人眼球的宣传品（海报、吊旗、条幅、展板等），产品外包装至关重要；选择合适的排放位置，集中、大量摆放统一品牌的产品也会产生较强的视觉冲击力；导购员得体的介绍，充分展示产品的卖点，传播品牌的文化内涵，更是品牌推广最有效的环节和手段。

6. 实地推广

由于农产品的品质重在实际体验的特点，导致人们对农产品的天然、自然、原产地倍感兴趣，似乎只有原产地的东西才最正宗，因而许多人乐意借旅游、出差、路过之机到原产地购物，甚至有些人专程到原产地购买产品。所以，利用好原产地的优势来进行品牌推广十分重要。

（二）品牌推广阶段和要点

品牌推广阶段可以分为让消费者认识产品的阶段、让消费者信任和购买产品阶段和品牌维护阶段（表 3-1～表 3-3）。

表 3-1　让消费者认识产品的阶段

推广目的	建立品牌知名度
推广策略	强势打造，强制灌输式
推广方法	广告宣传，活动、事件传播，让广大消费者了解、知晓品牌的基本内涵。

表 3-2　让消费者信任和购买产品的阶段

宗　旨	让品牌深入人（消费者）心
推广目的	提升品牌美誉度、品牌忠诚度，提高品牌销售力
推广策略	深度互动，创新传播。要和消费者达成深度互动，让消费者从内心深处体验、认可、接受品牌，从而提高品牌销售力
推广方法之一	建设品牌文化博物馆，实行顾客互动。让消费者深度了解和认识品牌文化，感受品牌文化氛围，并借助消费者口碑进行宣传
推广方法之二	丰富品牌文化，塑造能打动目标消费者的、得到消费者认同和感动的品牌故事等，让品牌文化生动、形象、丰满起来，使之广为流传，以赢得人心，赢得市场

表 3-3　品牌维护的阶段

宗　　旨	维护品牌知名度和美誉度
品　　牌	在达到一定的一个高度之后，就需要进行品牌的维护工作，品牌也才能永葆青春活力和市场竞争力

思考题：

1．请阐述农产品品牌塑造的意义。

2．怎样才能塑造好农产品品牌？

3．农产品品牌推广的方式方法有哪些？

4．品牌推广在不同阶段的策略重点表现在哪些方面？

第四讲

选对媒人，嫁女不愁

——农产品采购商选择与谈判策略

作为职业农民，把地种好是自己的本分，用一句老话叫二齿钩挠痒痒，一把硬手。但是，要把产品卖出去、又能卖出个好价钱，实在是个难办的事。且不说这一买一卖的门道多，就是精力也跟不上；磨破了鞋、说干了嘴，好不容易为产品找到了娘家，回头一看自己的地荒了。好在市场上有一种叫采购商的一群人，就是为买方和卖方牵线搭桥的“媒人”，产品经过他们的手，顺顺当当地就有了一个好归宿，一买一卖对他们来说就是老太太揩鼻涕，手拿把掐。不过，这些人一个比一个猴精，和他们打交道，如果不先把他们搞明白，别说产品卖不好，有可能还把自己搭进去。

【案　例】

农产品进社区，农民市民两头得实惠[①]

“蔬菜车拉着新鲜的蔬菜到社区来，每周3次，如今我们买菜真是太方便了。”北京市大兴区清源街道枣园社区居民刘大妈介绍说，如今社区居民买菜，大都在蔬菜车里买，蔬菜车上的蔬菜，是大兴当地一家农产品合作社直接从田间地头采收后送到社区的，不仅新鲜，价格还比周边菜市场便宜一到两成。像这样的社区蔬菜车，正是北京市创新农产品流通模式的一种。

通过这个案例，看到了一条农产品销售的快速渠道，就是从田间地头直接到消费者餐桌。对于农产品的生产者来说，如何能够找到这条经济、便捷、适宜的快速通道呢？本讲将讲述谁会对你的农产品感兴趣，采购商对农产品如何评价，如何通过不同的采购商

① 摘自2014年2月19日《京郊日报》，作者：赵语涵

建立销售渠道。

一、谁是媒人:农产品采购商的主要类型及特征

农产品采购商,是以盈利为目的的通过农产品交易活动向农产品生产者购买并转售农产品的组织及个人。这个定义比较文气,用通俗的语言描述有以下三个特征:一是一买一卖的“媒人”。先从职业农民、合作社等生产者手中买下农产品,再转手卖给超市、批发市场、酒店、城市家庭等。二是会赚钱的“媒人”。采购商是生意人,无利不起早是生意人本性,采购商是通过低买高卖赚取差价获利的。三是采购商这个“媒人”既可能是一个机构组织,也可能是一群人或一个人(表 4-1、表 4-2)。

表 4-1　农产品采购商的主要类型与特征

类　型	特　征
农产品批发商，是以农村批发市场为依托，从事向农产品生产者购买产品后转售给零售商或者其他消费地的中间商并提供相应服务以获取差价而不直接售给消费者的商业企业	①采购批量大；②掌控农产品市场消费需求、信息量大；③有比较雄厚的资金准备；④分销渠道长、涉及面较广；⑤采取大批量采购转售的方式薄利多销赚取中间差价
农产品经纪人，是指为农产品生产者提供市场信息，帮助寻找市场，与商家达成交易约定，并为之提供服务，最终实现农产品交易并获取佣金的职业人	①掌握大量产销客户资源，信息灵通、市场运作经验丰富；②推销时能帮助卖家做产品宣传；③组织化程度低，抵御市场风险能力低；④文化素质普遍较低，大部分人并非专门从事农产品交易的经纪人，其中有些经纪人本身是生产带头人，没有经过专门的市场营销技能培训
连锁（超市）零售商，是指为减少流通环节，降低采购成本，保证农产品消费安全，通过签订采购协议直接向农产品所有者采购农产品的商业经济组织	①具有大量采购、均衡供应、常年销售的明显特点；②采购商品损耗少、新鲜程度高，质量可追溯；③流通环节少，成本降低；④渠道相对稳定，合作社产销计划有保障，推动了订单农业发展；⑤农产品信息反馈及时；⑥对农产品质量、安全要求较高；⑦对供货方的物流运送组织管理能力提出了严峻考验

续表 4-1

类　　型	特　　征
农产品生产加工企业，是实现对农产品加工与销售的市场需要，向农民专业合作社购买农产品经过深加工后向消费领域转售的社会经济组织	①通过购销合同规定双方权利和义务关系，提高了合作社生产的计划性；②生产加工企业在产品开发、市场拓展等方面有较大的优势，可与合作社生产的分散性形成互补；③在产业不稳定、市场风险较高的前提条件下与生产加工企业合作有较大适应性，有易于通过企业向农户推广新技术；④在产业组合中，市场价格机制与非市场的组织结合，比较灵活，组织成本低；⑤市场开拓，过分依赖加工企业，一旦这些企业出现经营危机，生产者将会陷入困境；⑥生产加工企业打造自身品牌对建立农产品品牌无意义
机关、院校团体（餐饮采购），主要指机关、院校团体包括餐饮企业采取通过签订合同以订单方式直接采购农产品然后通过配送中心销往各个直属企业、单位	①需求均衡，结款及时；②节省农产品流通成本；③产品售价一般较高，能给农民专业合作社带来较好收益；④采购的农产品数量、品种稳定，利于农民合作社安排生产计划；⑤对农产品食用安全标准要求高，各种手续要求齐备

表 4-2　几种常见类型采购商比较

采购商类型	售价水平	交易数量	市场信息	市场推广	付款形式	合作意识	品质要求	品牌树立
农产品批发商	较低	大	非常灵通、面广	不利于品牌推广	现金结账	一般	不是很高，按质论价	一般
农产品经纪人	低	小	较灵通	“主动”推广	现金结账	相对较强	不是很高，按质论价	较好
连锁超市零售	较高	相对较小，且均衡	灵通	比较有利于品牌推广	按合同规定日期结账	强	较高	比较好
生产加工企业	较低	大	灵通	不利于推广	按合同规定日期结账	强	按质论价	不关心
餐饮院校采购	高	均衡，相对稳定	灵通但消费面窄	有利于品牌推广	按合同规定日期结账	强	较高	很好
小商贩	低	小	不很灵通且面窄	不利于品牌推广	现金结账	一般	按质论价	一般

此外，随着农产品市场不断向现代化迈进，农产品采购商还包括“第三方物流企业”、

农产品期货交易、网络电子商务及外贸出口等类型。

二、和谁搭媒:采购商的选择标准和评价体系

(一)选择采购商的标准

选择采购商主要有 3 个标准:①考虑自身的综合实力,特别是生产规模和服务能力;②认识自身发展战略、产品定位及目标客户群;③分析采购商营销战略目标及营销理念,对采购商历史分销优势和管理分销优势两方面进行分析。

1. 采购商的客户是谁

一定要看采购商的销售对象是不是职业农民所希望的潜在顾客。如采购商的客户是吃梨的一群人,你把韭菜卖给他,韭菜的命运肯定不好。

2. 采购商是不是愿意搭伙

常言道,强扭的瓜不甜。因此,职业农民要掌握:采购商能否理解、认同我们的想法和要求,能否真心解决我们的卖难问题,是否清

楚和我们搭伙销售农产品过程中他的角色和责任。

3. 历史经验

考察采购商经营历史记录及盈利记录。如果选择那些以往经营状况不佳的采购商，农产品卖难的风险就大。

(1)市场能力　包括：批发能力如何（几级批发构成），经销其他品牌的产品能否到达目标卖场，采购商是否有足够的网络及网点、网点覆盖率有多大、网络能否渗透到周边，能否控制价格。

(2)产品组合情况　产品组合分析2个指标就可以：一是采购商经营的农产品品种有多少，二是每一种农产品经营的数量有多大。一般情况下，采购商经营的产品相关性越大，就越容易卖得好，如专门卖水果的采购商，就比那些既卖水果又卖蔬菜的采购商要专业；同样是卖苹果的，一年能卖10吨就比一年卖7吨的有实力。

(3)运输和储存条件　如对于需要保鲜的农产品如樱桃，有没有专门的运输设备、仓库大小、温度能否控制等。

(4)采购商的促销能力　包括：采购商完

成某种产品销售的营销策划、能否愿意承担一定费用、促销手段是否科学、有效。

4. 管理能力

主要分析以下几个方面。

(1)企业运营　包括:经销商是否有比较规范化的企业管理制度;是否有自己的销售队伍、人员的配置如何、人员的素质和能力等,内部员工是否协调一致(内部沟通情况),业务人员是否熟练精干;对货物放账处理方式;货物流向控制能力。

(2)提供服务　农产品销售中有其自身特点,主要指在销售过程中还需要提供技术指导或财务帮助(赊销或分期付款)。

(3)声誉　包括:采购商的业内口碑;与其合作过的商家评价(送货是否及时,售后服务质量);当地政府、工商、税务、银行、媒体的评价。

(4)财务能力　包括:注册资金、经营设施(仓储、运输、营业场地等)、付款的方式、放账的周期、欠账的程度。

(二)建立对采购商的评价体系

明确了农产品进入目标市场所依赖的主要分销渠道,还必须要对其进行评估,依靠评估结果选择能够满足企业长期目标的最佳渠道商。评估时应考虑以下问题。

1. 销售额与销售成本的比较

一般来说，利用采购商销售农产品的成本比职业农民自己销售成本低。但当销售额达到一定水平后，利用采购商销售的成本会越来越高，因为采购商按一定比例索取较大的佣金，而职业农民自己的销售人员只享受固定工资或佣金。因此，产量小的职业农民，或产量大但在销售量小的地区，利用采购商销售成本较低，比较划算，当销售额增长到一定水平后，可考虑自销。

2. 职业农民对采购商的控制程度

大的采购商不好控制，因为大采购商是以追求利润最大化为目的的独立的商业公司，职业农民一般无力左右或影响其进货或销售行为。中小型的采购商实力弱，愿意接受职业农民的要求和条件，按双方的共同协议行事，易于控制。

3. 采购商的信誉和市场灵活性

具体讲，就是对采购商在买卖中的信用情况、财务状况、社会形象、商业地位和竞争能力做出评估。在实际工作中，职业农民应对上述内容进行综合考虑、权衡利弊，然后认真评估选择，这样，职业农民就有可能达到自己的期望，取得好的销售效果。

（三）对采购商的激励

一般来说，由于采购商都是独立经济实体，在经营过程中会考虑自己利益，因此，对选定的采购商给以适当激励，就能调动他们的积极性。

对采购商的激励方法有以下几种：①提供优质优价、能畅销的农产品；②合理的折扣，根据各采购商进货的数量和频率、信誉、回款、推广效果、产品覆盖率等方面因素分别给予不同折让；③授予独家经营权，可以使采购商更愿意深度合作，如在广告、促销等方面的投入；④开展如西瓜节、农产品展销会、采摘节等促销活动，给予采购商支持；⑤付款方式灵活，可以采取售后付款或者先付部分货款待产品出售后再结算的方式，解决采购商资金不足的问题；⑥向采购商提供市场信息。

三、说动媒人：与农产品采购商的谈判策略

农产品采购谈判实质上是用什么条件请

动媒人的过程，即是信息、意愿、标准的沟通过程。谈条件的目的是为了追求利益最大化，但不是你亏了我赢了的游戏，实现双赢才是本事。

（一）农产品交易谈判的主要内容

1. 明确产品品质

产品品质是指产品内在质量和外观形态。洽谈产品品质的关键是明确双方可以接受的品质表示方法。凭样品买卖是常用的方法。在交货时要按照协议约定检验交割货物。为避免交货时的农产品的品质与样品不符合要求，造成严重后果，往往要求在合同中加注“品质与货样大致相同”的字样，以减少不必要的损失。

2. 明确规格等级标准

规格是指产品形状上的一些主要指标，如长短、粗细、大小、重量等。等级是指同一类商品分为品质各不相同的若干级别，如大、中、小，甲、乙、丙等。不同规格、等级的产品，价格相差几倍至十几倍，尤其是优质、特色农产品，谈判时一定要明确具体的等级和标准。

3. 明确产品数量单位

农产品的计量单位，可以采用重量、长度、体积、容积、面积和个数等单位表示。在选择计量单位时，还要特别注意有关的度量制度。国内贸易按国家的有关制度规定，要求采用公制单位；如果是国际贸易，则要求按公制、英制、美制等多种度量制度计量，这些都要在谈判中明确，并且要掌握各种度量单位之间的换算关系。

农产品重量的计算。农产品重量分毛重和净重两种。毛重是商品本身加包装物之和；净重是商品本身的重量。不管采用毛重或是净重，谈判中一定要予以说明。

4. 明确包装规格和材料

在谈判中商品包装应当明确以下问题。

(1)包装材料　即采用何种物质对商品进行包装，如纸箱、麻袋、塑料袋等。

(2)包装形式　即如何对商品进行包装，如筐装、外包麻布等。

(3)包装费用　按照一定的交易惯例，包装所涉及的费用应包含在交易价格中，不再向买方另行收费。

5. 价格谈判

价格是整个谈判的核心问题，谈判双方在确定最终价格时必须考虑的因素有：商品品质、交易数量、交货期限、支付条件、运输方式、交货地点等。

6. 明确付款方式

(1)*预付款和最终付款*　预付款是指买方在订货时预先付给对方的货款，当经过买方检验交易的农产品是否符合合同规定确定的标准后，买方才能决定是否支付其余货款。

(2)*一次趸交*　一般经销商不愿意提前趸交全部货款，因为担心货物不合格或存在其他自然风险而造成损失。而农民专业合作社资金有限，若向银行贷款则要支付较高利息，这些在谈判时应慎重考虑自身优势、条件，做出决定。

7. 明确运输和交接事项

商品的装运和交接问题在合同中必须做出明确规定，以维护双方利益。其内容主要包括：运输方式、交货时间和交货地点。

8. 商定违约索赔和仲裁

索赔是指交易一方认为对方未能全部或部分履行合同规定的责任时，向对方提出索取赔偿的要求，属于合同履行中的问题。双方在谈判时，一般应就此问题事先进行约定，避免以后产生纠纷。仲裁是指双方当事人在谈判约定出现纠纷时解决问题的裁决机构及方式。

（二）农产品采购商谈判流程及策略

1. 精心做好谈判前准备

在农产品销售过程中，其实准备阶段谈判就已经开始了。为了能与采购经销商顺利进行谈判，首先要做好对采购商情况的收集与分析；其次要做好内部谈判活动，也就是说内部成员之间首先要达成共识；第三，确定谈判目标；第四，确定谈判人员，制定主谈人；第五，制定谈判计划。

2. 营造好的谈判开局

常言道，好的开局是成功的一半。在商务谈判中好的开局不仅决定着双方在谈判中的力量对比，决定着在谈判中双方采取的态度和方式，同时也决定着双方对局面的把控，进而影响着谈判的结果。如何营造好的开局，首先是营造开局气氛。开局气氛是出现于谈判开局阶段的景象或情势，是由参与谈判的所有谈判者的情绪、态度与行为共同造成的。开局气氛包括高调气氛、低调气氛和自然气氛3种。其次，实施有效的开局策略。开局策略是谈判者为谋求在谈判时有利地位和实现对谈判开局把控而采取的行动方式或手段。包括：协商式、保留式、坦诚式和进攻式开局策略。

3. 实施报价策略

任何谈判都是对对方资源的占有为开始，经过双方虚实多次转换来最终双方利益的平衡过程。报价程序按照商业惯例，一般是由卖方报价，买方还价。现代商务谈判一般都是从虚开始最终以实结束。报价应把握的原则：要报出一个“留有余地的最高价”，这样既能保证谈判的继续进行，又能最大限度地保障自身根本利益（图4-1）。

4. 与对手“友好磋商”

磋商阶段是指谈判双方为了实现各自利益，就交换条件中不一致的地方进行切磋与探讨，是实现双方利益共同点的沟通过程。

一般在谈判中双方要围绕产品及价格进行磋商，采购商为争取主动一般都要用竞争对手做比较，这就要求职业农民做到：①不贬

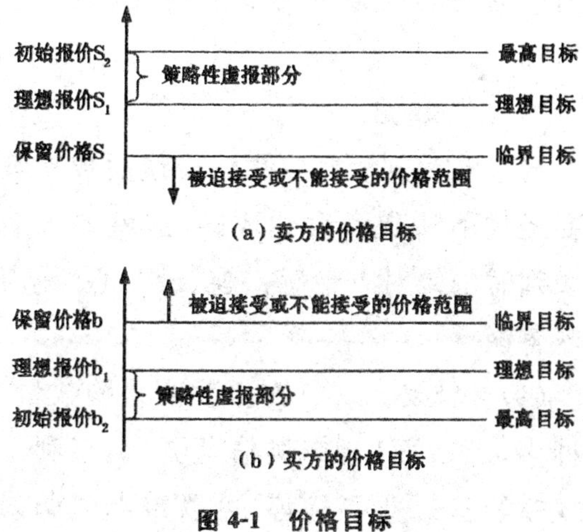

(a)卖方的价格目标

(b)买方的价格目标

图 4-1 价格目标

低对手产品,那样有可能采购商正经销对手的产品或者他认为对手的产品也不错,你贬低对手产品就等于说他没有眼光、正在犯错误,他就会立即反感。②不贬低你的竞争对手,特别是对手的市场份额或者销售不错的时候,因为对方如果真的做得不好,又如何能成为你的竞争对手呢?不切实际的贬低竞争对手,只会让客户认为你不可信赖。③要拿自己产品的三大优势与对手三大弱点做客观比较。俗话说,货比三家,任何一种产品都有自身的优缺点,在做产品介绍时你要举出己方的三大强项与对方的三大弱项比较,即使同档次的产品被你的客观的一比，高低就立即出现了。

5. 谈判成交

与采购商的谈判要想获得最后成功其实是要经过不断磋商后达成的，这就要求与对手谈判时围绕对方最感兴趣、最关心、最需要的内容谈。

(1)对批发商　针对批发商采购数量大、品种多，点多面广，市场信息灵通，有利于提升规模经营效益等优势，可以重点强调谈判成功能与对方保持长期合作，共同开发市场及给予必要支持。

(2)对农产品经纪人谈判　针对经纪人市场信息灵，对企业关注度高，能有力推广企业品牌的优势，向对方描述愿景，表达出由对方长期代理经营(或独家代理)及对方所获得的佣金比例。

(3)对连锁超市的谈判　可以围绕现代超市的经营理念“低价位、多品种、食品安全、质量安全保证、更多的服务”的内容，重点围绕保证产品供货时间、质量与可追溯体系保障来谈。

6. 谈判签约

签约是农产品交易谈判的最后阶段，是

指谈判双方用准确规范的文字表达谈判结果，并经双方有正当权限的法定代表人或授权代理人签字，形成具有法律效力的合同文件的阶段。

签约阶段从表面上看仅限于文字表达，是一项纯技术性工作，但实际上事关谈判交易的最终实现。因此，一定要用准确的文字来表达谈判成果，避免遗漏或含糊不清，要求所签署的文件合法、齐全、清楚、确切和详细，协议一经签署，将启动法律程序，整个谈判即告结束。

思考题：

1. 各类农产品采购商都具有哪些主要特征？

2. 结合当前实际说明农产品经纪人的作用。

3. 比较农产品直销与代销的优缺点。

4. 选择农产品采购商应重点考虑哪些条件？

5. 说明农产品谈判不同阶段谈判的侧重点及策略。

第五讲

先有金刚钻，再揽瓷器活

——农产品进超市流程与策略

大葱、白菜放到城里的超市，能卖到很好的价格。但怎样把土里土气的产品包装好、风光又体面地摆到超市的货架上，还真是职业农民需要开动脑筋好好琢磨琢磨的。这好比要揽瓷器活，先得有金刚钻。

【案 例】

合作社收购现场一片繁忙[1]

“每天，这里有30吨左右的新鲜蔬菜运往市内各永辉超市门店，一年农超对接总量超5 000吨，占基地蔬菜总量的七成。”永辉超市生鲜采购部经理说，经过挑选和质量检测，合格的蔬菜就将装上物流车，再根据需求配发到门店。

合作社负责人告诉记者，2010年初，合作社所产的2 000多吨白菜，就有300吨遭遇滞销，几分钱一斤都卖不掉。附近的种植户也都遭遇了“白菜灾”，地里到处是烂菜。

2010年3月，合作社与永辉超市建立了对接关系，为其提供茄子、海椒、苦瓜、白菜等近20个品种的当季蔬菜。合作社负责人说，合作社现有成员近100户，在铜梁和合川共有4个蔬菜基地1 300余亩，按照超市的订单生产，供货渠道稳定，农户一心种菜，不再为市场发愁。

案例中，合作社与永辉超市的对接关系，

① 摘自2013年7月《重庆日报数字报》

就是"农超对接"，是合作社（农户）通过与商家签订意向性协议书，由合作社（农户）向超市、菜市场和便民店直供农产品的新型流通方式。那么，合作社怎样才能实现"农超对接"呢？进超市的农产品有什么要求呢？

一、农产品进超市的基本要求有哪些[①]

（一）基本资质

首先向超市提供许可生产经营的证明等资质材料。一般包括营业执照（授权委托书）、税务登记证（国税、地税）、组织机构代码证、纳税人资格证明、食品流通许可证（食品卫生许可证）等。鲜肉（含冷鲜肉）供应商除具备上述证件外，还应具备生猪屠宰许可证、动物防疫合格证等证件（见 SB/T 10396－2005）[②]。

---

① 商业行业标准《超市鲜活农产品供应商评价指标体系》（SB/T 10621—2011）

② 《生猪屠宰企业资质等级要求》（SB/T 10396—2005）

（二）基本要求

向超市提供有关产品的相关证明材料，主要包括以下几项。

①提供有效的产品质量检测报告；

②提供有效的产品质量、管理体系认证证书（如有机产品认证、绿色食品认证、无公害农产品认证、良好农业规范（GAP）认证、ISO 14001 环境管理体系认证、ISO 9001 质量管理体系认证等证书）；

③提供相关发票或产地证明等；

④有注册商标或地理标志。

二、农产品进超市的流程及注意事项有哪些

农产品通过审核，同超市签订合同后，就可以与超市交易了，基本流程如下。

报价→订单确认→备货与产地质量检查→装货→运输→收货确认→配送中心质量检查→门店配送→开具发票→超市付款等

（一）报　价

每周需要以电子邮件或手机短信的方式向超市总部采购发送报价单。报价单的内容包括产品名称、级别、规格、产地、价格、周最大供应数量、产品描述等。

1. 级别

是指农产品的等级，等级的划分要按照超市总部生鲜直采部门制定的“产品标准及质量控制要求”。

2. 规格

是指产品的尺寸大小。比如，苹果分成65＃、70＃、75＃、80＃、85＃、90＃等规格。

3. 产地

是指产品生产的地方。同类农产品产地不同，品质、口感和价格均存在差异。

4. 价格

这里的“价格”，是指农产品的到货价格，主要包括农产品产地的价格、包装材料、分级包装及运输成本、运费和其他成本。

5. 周最大供应数量

是指一周内能够向超市供应各个产品的最大量。

6. 产品描述

是指对这批产品的特征、特点进行描述。

(二)订单确认

超市总部的采购人员把所有农产品的报价单汇总后发送到各个城市的采购部门，由采购部门确认他们所需要的采购数量、希望配送时间，之后把采购订单发给超市总部。总部把订单分解成各个农产品生产商的订单，然后通过邮件或手机短信通知备货。

(三)备货与产地质量检查

首先，超市把自己的采购标准提供给农产品生产商，同时超市还派遣协调员对生产商进行直接指导。

在农超对接初期，合作社每发出一批货都要经历至少 3 次质量控制点管理，包括采摘阶段、筛选分级阶段和包装阶段。每次控制点管理超市协调员都必须在现场，不仅观察合作社操作情况，而且把超市的质量要求及时告诉现场的社员。

(四)装　货

农产品的装货方式和方法同产品品质有

密切关系，一方面防止野蛮装货，减少产品损伤；另一方面讲究堆放技术，尽量减少包装箱之间的空隙。

产品装车完成和发车之前，超市协调员需要填写订单收货确认表和产地质量检查表。

（五）运　输

农产品送到各个订货城市的物流配送中心，验收合格后，任务才算完成。首先，要合理安排到货时间。到货时间确认后，超市总部需要通知目的地验收人员准备接货，在验收人员与司机取得联系并等司机到达目的地周边时，验收人员要引导司机到达验收地点；其次是让验收人员组织卸货人员和助理验收人员，等货物到达验收地，按照产品标准要求规定卸货验收。

（六）收货确认

验货操作一般包括如下程序。

1. 随机抽样

是每次在合作社送来的产品总数中抽取5％货物进行检验。抽取的样品必须在运输卡车的前中后、上中下、左中右位置上均匀抽样，从而保证样品具有代表性和科学性。

2. 判定产品的合格与不合格

其标准同协调员的产地质量控制标准完全一样，反映了超市从发货到收货都保持标准一致性，从而把合格与不合格的产品分开。

3. 分类记录

是指质检员把每箱验收后的合格与不合格产品质量记录下来，再把各项合格与不合格产品数据进行加和，用不合格产品的总量除以合格产品的总量，得到的数据就是该批货的最终质量结果。不同的质量结果处理方式见表 5-1。

表 5-1　质量检验结果的处理

判定标准	处理方式
不合格率在 3%允许范围以内	则整批货按合格接收不予扣重处理
不合格率大于 3%小于 10%	则整批货必须扣除一定比例的重量*
不合格率大于 10%	超市将有权拒收这批农产品

注：* 所谓“扣重”，扣重的规定是按不合格比例扣除 3%以后的比例计算

（七）门店配送

对于门店比较多的超市，一般需要把农产品配送到超市的物流配送中心；对于门店比较少的超市，则需要把农产品直接配送到门店。

（八）开具发票

收货以后，超市与农产品生产商核对相关信息后，要按照超市收货信息的数量开具发票。

（九）超市付款

超市原则上在收到发票后的15个工作日内通过银行给农产品生产商转入货款。目前，已有一些国内超市做到了“零账期”，即收到发票后立即付款。

三、合作社与超市对接的具体模式

“农超对接”模式归纳为7种（表5-2），其中“超市与农民专业合作社直接对接”模式所占比例比较高。

表 5-2 "农超对接"的模式比较

主要类型	参与主体	适用条件	运行机制	优 势	劣 势
超市与农民专业合作社直接对接	超市、农民专业合作社、农户	①合作社规模较大(或超市规模较小);②合作社资质齐全③超市或合作社具备较强的农产品物流条件	①超市与合作社签订意向性合同或购买协议;②合作社按照超市农产品等级要求,提供农产品	①减少流通环节;②降低流通成本	①合作双方力量悬殊,合作社谈判能力较弱;②有时不能满足超市多样化或批量化采购
超市与农民专业合作社通过中介组织对接	超市、龙头企业(或协会等中介组织)、农民专业合作社、农户	①合作社规模较小(或超市规模很大);②合作社难以提供相关税票;③超市门店分散、配送半径过大	①中介组织按照超市要求向合作社收购农产品;②部分中介组织负责农产品包装、分等定级及物流运输	①解决了大超市批量化、多样化采购与合作社小规模、单一化生产的矛盾;②一定程度上解决了农产品物流问题	①中间环节增多;②农产品成本相对较高

续表 5-2

主要类型	参与主体	适用条件	运行机制	优　势	劣　势
超市与农民专业合作社共建基地	超市、农民专业合作社、农户	①超市向生产环节延伸；②合作社生产规模较大；③农产品品质稳定；④具有农产品知名品牌	①超市与合作社紧密合作；②超市负责提供生产标准、产品分等分级标准和包装要求等，并把先进的经营管理理念引入合作社；③合作社提供农资销售、生产技术辅导、修剪套袋、生产记录、产品收购等服务	①在确保采购规模的同时，保障了稳定供货；②合作社管理水平得到提升	超市向农产品供应链上游延伸，对超市而言，一定程度上降低了效率，增加了风险
农民专业合作社成立联合社自办超市	农民专业合作社、联合社、农户	①当地合作社数量较多；②合作社进入超市门槛较高；③有较强的市场意识和管理能力	①农民专业合作社成立联合社，联合社借鉴现代商业运营模式兴办超市；②联社根据市场需求，统一产品供应，统一销售价格，统一外观设计，统一产品配送	减少流通环节、降低流通成本	合作社办超市经验不足，风险较大

续表 5-2

主要类型	参与主体	适用条件	运行机制	优　势	劣　势
政府支持型平价超市	政府、供销社、农民专业合作社、超市、农户	①有当地政府的政策支持；②有相应的资金扶持；③供销社体系完整并在当地农产品供应方面有较高的地位	①平价商店内设平价专区（专柜），专区（专柜）内的商品会较一般市场价格便宜；②与政府签订协议的平价超市在市场价格发生异常波动时，按照与政府协定的价格或指导价销售商品，不得跟随市场哄抬价位，由此造成收入低于成本部分，将按照“先控后补”原则由政府补贴	①在政府的大力支持下，农产品售价较低，消费者受益；②合作社得以快速发展	受政府影响较大，价格平抑及扶持体系尚待完善

续表 5-2

主要类型	参与主体	适用条件	运行机制	优　势	劣　势
联合直采	供销社、超市、农民专业合作社、农户	①供销社体系完整并在当地农产品供应方面有较高的地位；②供销社与超市合作密切	①供销社与大型超市签订合作协议；②由供销社发挥其网络优势，负责合作社和基地农产品生产质量和运输质量的管理与控制；③超市只负责销售环节。	充分利用了供销社的网络资源，实现了超市的大规模、稳定采购	
超市直营	超市、农民专业合作社、农户	①合作社有一定的资金实力；②合作社能够提供品种丰富的农产品	①购销合作社依托下属基层社选择合适的基地和特色农产品；②农民根据超市需求将农产品采摘后直接送往购销合作社配货中心；③由配货中心转送往超市柜台销售	①减少流通环节；②降低流通成本；③增强了合作社的主动性	合作社在销售中受超市约束较大

通过上述比较，可以看出：对于生产规模较大、资金实力较强的合作社可以采用超市与农民专业合作社直接对接、超市与农民专业合作社共建基地、农民专业合作社成立联合社自办超市、超市直营等模式；对于合作社生产规模较小和物流水平较低的合作社可以采取超市与农民专业合作社通过中介组织对接模式；对于供销社在当地有较高的地位和网络资源保留比较完整的地方，可以采用政府支持型平价超市、联合直采等模式。

思考题：

1. 农产品进超市应具备哪些基本资质和要求？

2. 简述“农超对接”必须经过的流程和方法。

3. 结合实际试说出三种以上“农超对接”模式及各自优缺点。

第六讲

指尖上的生意

——农产品网上销售策略

你在网络的这边，我在网络的那边，点击着鼠标、键盘，快速浏览、轻松下单，动动指尖就完成了生意。如今，网络购物已不仅成为年轻人的主流消费方式，也在挑战着传统的营销模式。方兴未艾的电子商务让传统的农业产业有了改革自新的机会，新型职业农民应当善于抓住这样的机会，掌握农产品网上销售的技巧。

【案　例】

网络销售把家禽卖到全国[①]

江苏省建湖县荷风畜禽养殖专业合作社主要从事火鸡、野鸭、灵芝鸡、麝香鼠、蓝孔雀等特禽销售。几年来，该合作社致力发展电子商务，通过加入淘宝、阿里巴巴、环球经贸网等第三方电子商务平台，自建了“江苏天和生态农业网”，实现了“养殖基地在外地、销售市场在外地、苗禽繁殖在农庄”的养殖经营模式。通过快递、物流、客运、空运多渠道配送方式，产品销往全国各地。目前，这家专业合作社网上销售的产品已占总销售额的90%。

如何破解农产品“卖难”！荷风畜禽养殖专业合作社通过网络直销的模式，探索出了一条解决农产品销售的路子，提高了农户的收入，增强了农户养殖的信心，壮大了合作社的实力。

① 摘自2014年4月8日《建湖日报》

一、什么样的产品适合开展网上销售

（一）高附加值且易于做电子商务的产品

一些高端干货、食用油、水果、牛奶和一些加工后易储存和运输的肉类，这些产品附加值比较高且比较容易储存和配送。

【案　例】

农人网主打干货、茶叶和一些容易储存配送的水果；和乐康主打美国进口有机牛奶；还有很多鲜果类的电商，其主要盈利产品也都是那些附加值高易配送且品质有保障的水果。

（二）高附加值但不太易于做电子商务的产品

禽蛋类、冷鲜肉类、水产品类和一些蔬菜

水果，这些产品主要是不太易于做储存和配送，还有就是这类产品不标准，不太容易通过网络展示商品特性，但是可以通过创新来改变，比如可以进行预售，这样就可以减少中间的仓储时间和成本；也可以采取宅配方式让农产品跟消费者更接近。

（三）低附加值但易于做电子商务的产品

干货、米面、根茎类蔬菜（土豆、洋葱）和一些水果等，此类产品比较适合做微利多量（扩展市场份额，扩大用户数），或者提升某些产品的附加值，如大米可以采用小包装，并打出绿色或有机的牌子，适当提高产品的价格。

（四）低附加值且不易做电子商务的产品

此类产品主要是那些叶菜类蔬菜、豆制品、水产品。这类产品一般不要做电子商务，除了以下几种情况：附加值高一点的有机蔬菜且能够跟其他产品一起配送；豆制品不易储存其附加值低，可作为搭配销售；预售或者是定期配送模式。

二、开展农产品网上销售的基本要求

（一）产品质量要求

在开展网上销售之前，一定要考虑自己的产品是否适合，其次还要严把技术、标准和质量关，做一个诚实守信的经营者，这是消费者在网上购买农产品最为看重的几个方面。展示产品质量主要从 2 个方面着手，一是注册商标或地理标志；二是产品质量认证证书，如有机产品认证、绿色食品认证、良好农业规范（GAP）认证等。

（二）经营者的要求

由于传统的小农户并不具备农业生产的标准化和规模化能力，更缺乏对农产品进行后续加工、包装的能力，因此单个的小农无法满足基于 B2C 模式的农产品网络销售平台的要求。这些农户可以创办或者加入农民专业合作社，通过土地流转组建家庭农场或农业企业，然后在家庭农场、农民合作社或农业企业等新型经营主体的领导下生产出优质化、标准化的产品，使得这些新型经营主体可以提升为农产品网络销售平台的合格供货商，或者依托第三方电子商务平台销售农产品，甚至组建自己的网站开展网上销售。

三、农产品网上销售流程

（一）产品质量把关

网上销售注重的是商品的质量和商家的诚信，消费者不能亲身体验产品质量，完全依靠已经购买该产品的消费者的评价以及经营者提供的相关质量信息，过硬的产品质量无疑会增加网上的销售量。能够在网上展示具有产品质量证明材料，如产品质量认证证书，检验报告，以及生产基地的图像以及生产过程视频材料等。

（二）服务定位

农产品经营者应确定向哪个群体的消费者提供何种服务，网上销售主要定位于大中城市的白领及企业。这些消费者最为关注的是产品的直采、有机、可追溯等，因此，要把产品价值传递给消费者，并让消费者真正体验到产品的优质安全和承载的独特文化内涵。要结合配送体系和产品特点确定服务的范围，如南方热带水果依靠快递公司送货其商圈只能局限于中部及南方大城市，送达东北等地就有可能变质。

（三）选择合适的渠道

一般而言，经营规模小的农户、家庭农场、合作社或农业企业应首选利用第三方电子商务平台。对于附加值低的产品首选专业网站传递产品信息。特色优质产品可以开展微信、微博销售。

（四）线上和线下有机结合

要从小而感性的网店做起，打造个性化的产品，提高用户体验，把老客户、回头率作为网店的生命线。与此同时，网上销售还应和完善的线下体验和服务点如实体店、采摘园、超市等有机结合起来，尝试进行 O2O（线上和线下）模式运营。

（五）订单的确认

消费者在购买产品之前，通常会与商家进行沟通，询问商品质量信息、价格是否优惠以及配送时间，这需要商家耐心解答，在保证合理利润的前提下，满足消费者的要求，达到交易意向，消费者在购买下单并支付货款后，商家应及时备货并发货。

（六）货款支付

网上销售应提供多种支付方式，在淘宝上可以利用支付宝支付、网上银行支付，在自己建的网站上可以采用网上银行支付、银行转账等方式。在当当和京东等网站上可以采用货到付款、网上银行支付等方式。

一般而言，消费者确认购买后通常要提前付款，在当当网、卓越网和京东等电商平台上，消费者支付的货款会直接打入商家账户，而在淘宝等平台上，消费者支付的货款只能在其收到产品后由电商平台划转到商家账户。

（七）配　送

为了降低成本，网上销售农产品的商家通常选择第三方物流组织，如顺风快递、宅急送、圆通物流、EMS 等。而在特大城市周边有生产基地的企业或合作社，可以自己组建配送中心，实现产品 24 小时或 48 小时直送，如沱沱工社在北京就有自己的冷链物流配送车，基本实现24小时送达的要求。对于大中城市应依托第三方物流组织，降低配送成本。

（八）售后服务

对在网上购物的消费者来说，最讨厌的事情就是问询信石沉大海，或者答复姗姗来迟，因此，要有专门的人员对产品质量和配送等问题为消费者提供耐心的服务等。要对客户信息进行分析，通过短信、邮件等多种方式推送产品信息，告知大减价、特别折扣或新产品的信息。

（九）消费者评价

消费者在收到商品后会对商家进行评价，评价依据主要是商品质量，是否有破损或腐烂变质、包装物是否对产品质量产生影响；物流服务，是否提前通知、是否按时送货等，售后服务，商家是否耐心解答、是否满足消费者的要求等。

要特别关注消费者的评价，一次差评可能让商家失去一大批潜在的客户，一定要走诚信经营之路，积累信誉度，提高产品的认知度和品牌的美誉度。

四、农产品网上销售的主要策略

(一)利用专业网站寻求购买者

对于自身实力还不很强、经营规模还不很大的经营者,不要急于建网站,可以选择在农业专业网站如农产品加工网、农产品市场信息网以及一些政府农业管理部门的官方网站发布信息,信息内容通常包括生产者信息、产品信息、价格信息等。这种形式常用于农产品批发销售,每次交易量很大、交易次数较少,并且购买方比较集中,信息发布的关键是要抓住批发商最为关心的产品规模和产品价格等信息。具体包括:要用最简洁的文字描述清楚产品的特点;要描述清楚种植规模和产品种类,规模太小、种类少的生产者,批发商一般不愿意联系;要给出详细的联系方式和联系地址。

(二)利用第三方的电子平台

对于刚开始利用网上销售农产品的生产者,可以借助第三方电子平台的力量。如以经营干货和深加工产品等名特优农产品的京东网和当当网；以经营粮油、土特产、干货以及蔬菜、水果、禽蛋与肉类等生鲜产品的中粮我买网和菜管家；提供销售平台的淘宝商城等。第三方电子商务平台通常让农产品生产经营者自己在电商平台上建立自己的网店进行销售，对于一些畅销的农产品如精品水果和易储存的蔬菜等也会采用买断的形式。在第三方电子平台上开店注意事项如下。

1. 开店资质

取得国家商标总局颁发的商标注册证或商标受理通知书（商标为 R 或 TM 状态）的自有品牌；在工商部门登记注册为企业或合作社的营业执照。

2. 交纳保障金

在天猫上经营需要交纳保证金，品牌旗舰店、专卖店带有 TM 商标的 10 万元，全部为 R 商标的 5 万元；专营店：带有 TM 商标的 15 万元，全部为 R 商标的 10 万元；还需缴纳技术服务年费，农产品类为 3 万元。

3. 网店宣传内容

包括：①资质认证，绿色食品或有机产品认证证书；②产地信息，是指产品生产的地方，同类农产品产地不同，品质、口感和价格均存在差异；③产品的价格，消费者需要支付的价格，应明确是否包含运费；④配送范围及时间，配送方式是快递送货还是邮局送货，多久能到达消费者手中。

4. 服务到位

为消费者提供一次满意的购物旅程。

（三）自建网站销售农产品

1. 购买一个域名

客户通过这个域名访问您的网上商城，实现信息传递和产品销售功能。

2. 提供消费者关注的信息

主要包括：商品信息、价格信息、生产者信息、产品执行的标准、生产基地基本情况信息等。

3. 具备支付功能

在线下订单，第三方在线支付以及银行转账汇款服务等在线支付功能。

4. 具备配送功能

依靠第三方物流公司或自己购置车辆自己开展物流配送服务。

5. 具备促销宣传功能

多种渠道开展产品促销活动。要运用微

信、链接交换、网络广告、手机短信、媒体推广等多渠道进行产品宣传，推出团购、秒杀、降价等促销方式，销售农产品。

6. 注重日常维护

最好请专业的公司开展网站的日常维护工作。

（四）利用微信销售农产品

微信营销是网络经济时代企业营销模式的一种创新，是伴随着微信的火热而兴起的一种网络营销方式。用户注册微信后，可与周围同样注册的“朋友”形成一种联系，用户订阅自己所需的信息，商家通过提供用户需要的信息，推广自己的产品，从而实现点对点的营销。利用微信销售农产品需要注意以下内容。

第一，产品要选择有50%以上毛利的名特优产品。

第二，要给微信号起个好听容易记的名字，微信号不要太复杂，建议用数字，或者简单英文字母，如卖米的富哥，微信名叫富哥卖米，一看就知道是卖米的。

第三，申请微信公众号，尽快获得微信官

方认证，请专业的公司开发微店。

第四，微信平台的群发功能可以有效地将视频、图片或是宣传的文字群发到微信好友。甚至可以利用二维码的形式发送优惠信息。因此，经营者微信的内容应图文并茂，简单易记，突出产品的特色，特别要突出健康、安全、传统工艺等。

第五，吸收会员，定制特权开展优惠活动。

第六，准备多个银行账户。满足不同消费者汇款的要求，最好是工商银行、建设银行、农业银行和中国银行等大型国有商业银行。

第七，要能够及时处理产品包装、寻找快递、售后服务等问题。

第八，加强互动。从自己的朋友圈做起，可以采取奖励活动，让朋友圈里的人都成为产品的传播者。但是，特别注意腾讯公司有关《微信公众平台关于诱导分享行为的公告》，以免遭受不必要的处罚。

【资　料】

微信公众平台关于诱导分享行为的公告

微信公众号用户：

微信公众平台一直致力于为用户提供健康、绿色的生态平台环境，我们坚决打击各类违反《微信公众平台服务协议》的内容和行为。

我们反对不正当利用公众号群发消息的功能破坏用户体验的行为，特别是通过群发消息等手段强制或诱导用户分享至朋友圈的营销行为是我们所不鼓励的（例如通过奖励诱使用户进行分享、强制要求分享至朋友圈即可查看等行为）。微信的朋友圈是一个由熟人关系链构建而成的小众、私密的圈子，用户在朋友圈中分享和关注朋友们的生活点滴，从而加强人们之间的联系，它并不是一个营销平台。如果用户发现有公众号存在诱导分享行为的，欢迎通过微信的举报功能进行检举，核实后我们将根据违规程度进行处理。

微信平台的生态需要你的关注和努力，谢谢。

微信团队 2013 年 12 月 31 日

（五）通过网站开展以销定产

以销定产是按照市场的需要组织生产。即一方面对农产品的数量、品种、规格、质量、包装等要按照市场的需要来安排生产，另一方面还要瞻前顾后、统筹安排，长远规划，使生产能适应市场需要的发展变化。以销定产的预售模式的主要内容如下。

1. 提前售卖

在农作物播种后，成熟前（或畜禽出栏前），在电商平台上挂单销售。

2. 线下体验

生产者将农作物的成长情况实时展示给消费者，消费者也可实地感受、切身体验。

3. 生产包装

农作物成熟后，生产者对水果采摘、分检，或对农作物进行收割，对畜禽鱼类进行宰杀，而后再进行针对性的处理及包装。

4. 物流配送

通过冷链物流等方式配送到消费者的手中。

5. 消费评价

消费者对购买的农产品进行消费，并评价反馈，以及口碑传播。

思考题：

1. 农产品开展网络营销应具备哪些基本要求？

2. 农产品进行网上营销的基本流程有哪些？

3. 结合实际，说明企业农产品网上营销的主要对策。

第七讲

药对方，一口汤

——农产品销售渠道创新

俗话说“药对方，一口汤；不对方，一水缸”。如何给不同种类、同种不同质的农产品寻找到适宜的销售出路，就如治病选对方子，药到病除、一通百通。所以，了解农产品新型流通方式和思维变革，是职业农民选择销售渠道的良方。

【案　例】

农产品分类销售不愁卖[1]

山东省蒙阴县岱崮镇旺庄果品专业合作社拥有社员670户（占当地农户80%）、300多万元股金、蜜桃标准化生产基地15000亩、固定资产600万元，2010年交易额达到4000多万元。旺庄果品专业合作社一般会把20%的优质产品销往超市，把70%～80%的一般产品销往批发市场，剩下2%～3%的低质产品销往加工厂。

旺庄合作社的做法告诉我们，农产品也是分等级的，不同等级的农产品有不同的出路。所以，农产品按质论价的同时，更应当考虑如何寻找到与它们身价对等的出路，这就是销售渠道的问题。

---

① 摘自《中国合作经济》《山东供销合作社系统“农超对接”考察报告》一文

一、农产品销售的基本线路图

结合本讲开头旺庄果品专业合作社的实际做法，将传统的农产品销售的线路列于下图。

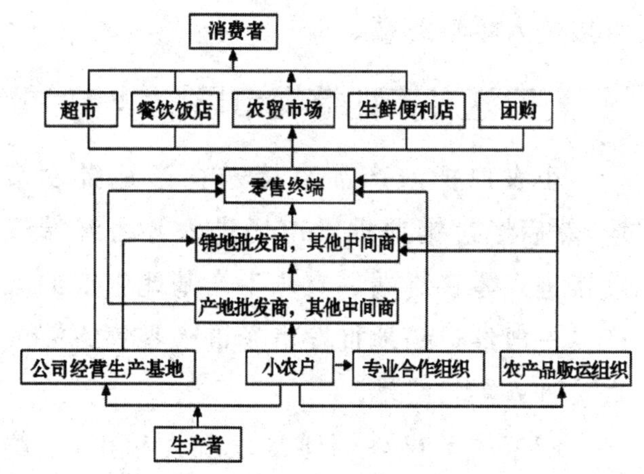

图 7-1　传统农产品销售线路图

如图 7-1 所示，我国农产品一般由小农户和农业生产基地生产。

小农户生产的农产品一般有 2 种渠道进入零售终端。

（一）被农产品经纪人收购

在田间地头被农产品贩运组织（农产品经纪人）收购，然后经过批发市场进入零售终端或直接进入零售终端。

（二）交给合作社

小农户把农产品交给合作社，由合作社分类包装后，经过批发市场进入零售终端或直接进入零售终端。

（三）送往产地批发市场

小农户把农产品直接送往产地批发市场，然后经过销地批发市场进入零售终端或直接进入零售终端。农业生产基地生产的农产品一般经过销地批发市场进入零售终端或直接进入零售终端。

农产品零售终端通常表现为超市、生鲜便利店、农贸市场、餐饮饭店等。

二、农产品进入市场的新路径

（一）龙头企业带动型

以龙头企业为组织形式的加工贸易型流通形式。其特点是以农产品加工企业为载体，企业与农户间建立紧密的产销关系，实行产销一体化经营。

【案　例】

延安果业集团公司在洛川10个乡镇33个村组建立绿色果品出口基地1万亩，与1000多户果农建立了紧密的协作关系，并与基地果农签订收购协议，按照协议为基地果农户提供物资服务，技术服务，收购基地农户苹果进行加工，从而使当地苹果产业逐步走向产业化发展之路。

（二）批发市场带动型

以农产品批发市场为龙头的市场带动型流通形式。其特点是通过培育批发交易市场，形成产品集散、信息发布、价格形成中心，促进农产品储存、加工、交易、集散、物流配送等功能的实现，以大市场带动大流通。

【案　例】

山东寿光蔬菜批发市场辐射全国200多个城市，形成了大流通格局。深圳农产品公司下属的福田和布吉批发市场也成为南中国最有影响的大型农产品批发交易市场，并辐射香港、澳门特区。

（三）中介组织带动型

以农村经纪人和运销队伍为主体的经纪、贩运型流通形式。其特点是农民自己闯市场，找销路、搞运销，具有积极性、自主性、灵活性的特征。

【案　例】

山东苍山县有十几万人长年在全国几十个大中城市从事蔬菜运销经营，苍山县蔬菜在上海的销量就占到上海蔬菜销售总量较大的比重，带动了全县 100 万亩、70 亿千克蔬菜的产销。

【案　例】

陕西省宜君县有农民经纪人 300 多人，他们把本地的农产品销往外地，并将外地的市场信息、先进技术、优良品种带回宜君县。该县70%以上的农副产品都是通过经纪人推销出去，并及时把全国各地的经济和科技信息反馈回来，使广大农民有了致富之道。

（四）专业合作社带动型

以专业合作组织为载体的合作型流通。其特点是通过建立专业合作社，将从事同类农产品生产经营的农民组织起来，架起一家一户小生产与大市场的桥梁。

（五）连锁超市带动型

以连锁超市为龙头的生产基地及联合采购型流通形式。其特点是连锁超市通过建立农产品生产基地，直接从农产品产地收购农产品。即连锁超市公司建立一些样板示范基地，带动农民按照超市销售农产品的标准（包括种子、肥料、农药、种植方法等）来组织生产和收购，也是促进"订单农业"的一种有效方式。

连锁超市等现代流通企业还与农产品批发市场相结合，将批发市场转化为连锁超市的农产品（特别是鲜活农产品）配送中心，既节省了物流配送的投资成本，也加快了鲜活农产品周转速度，降低了损耗，提高了流通效率和收益。通过这种结合，使连锁超市以规模化的销售网络，起到农产品市场流通组织者和引导者的作用。

多样化的农产品流通形式适应了现阶段农产品流通和农业产业化发展的需要，可以说，在相当长的时期内，我国农产品流通仍将是多种形式并存的格局，虽然各种流通形式会出现相互结合、相互促进的趋势，但不会有一种形式完全取代其他形式而独自承担起促进农产品流通和农业产业化的任务。

三、如何创新农产品销售渠道

当前，在我国农业生产方式基本不变的前提下，农业经营方式正在发生深刻变化，改进农产品流通方式，实现农业生产与农产品市场经营对接的条件更加成熟。在农产品批发市场、农贸市场等传统流通方式基础上，出现了诸如“农批对接”、“农超对接”、“农校对接”、“农餐对接”、“农社对接”、“网上销售”等多种方式。“农超对接”和“网上销售”的具体内容本书已经介绍(见第五讲和第六讲),本讲重点分析“农批对接”、“农校对接”、“农社对接”等内容。

(一)农批对接

自20世纪90年代以来,我国农产品批发市场一直是我国农产品流通的中心枢纽。进入新世纪后,随着改革开放的深入推进,在农产品流通相关优惠政策的引导扶持下,农产品批发市场行业迅速发展,农产品批发市场数量有了大幅增长。据不完全统计,全国有各类农产品批发市场4 500多家,其中交易额亿元以上市场有1 600多家,年交易总额近20 000亿元。

但目前农产品批发市场中的商户绝大部分都是农产品经纪人,很少有合作社进驻批发市场,但随着国家公益性批发市场建设力度的不断加大,农民合作社直接进驻批发市场(特别是销地批发市场)成为常驻商户必将成为未来的发展趋势。

(二)农校对接

农校对接是指农产品与高校食堂直接对接,高校食堂需要什么,农民就生产什么,既可避免生产的盲目性，稳定农产品销售渠道和价格，同时，还可减少流通环节，降低流通成本，通过直采可以降低流通成本20%～30%，给学生带来实惠。

【案　例】

2012年，浙江台州市椒江鸿绿瓜菜专业合作社与当地50多所中小学和高校开展“农校对接”，每天配送70余种果蔬，共计10吨，计价30万元。具体运作过程是合作社每天下午接受学校第二天的配送报单，第二天凌晨1时开始配货，5时开始送货，于8时结束整个过程（图7-2）。

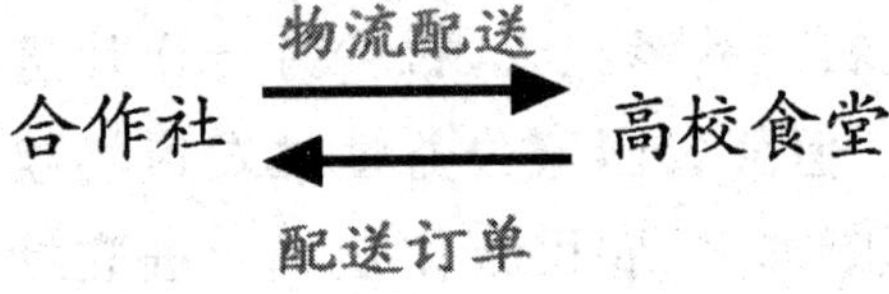

图7-2　农校对接示意图

（三）农社对接

农社对接是由农田到社区居民楼下的点对点的直销模式，由农业生产的组织者向社区的消费者直供农产品的新型流通方式，主要是为优质农产品进入社区搭建平台。其本质是将现代流通方式引向广阔农村，将千家万户的小生产与千变万化的大市场对接起来，构建市场经济条件下的产销一体化链条，实现农民、消费者共赢。

1. 智能配送模式

该模式主要针对大城市高端消费人群。通过现代技术的引入，实现农产品与消费者的直接对接。

【案　例】

北京绿菜园蔬菜专业生产合作社与绿富隆公司、京城奥科美公司联手打造智能配送时鲜快递，取得了良好成效。2011 年 6 月先后在国家气象局、北京师范大学、总参三部等所属的居民社区设置智能配送柜 14 套，在东城双花园社区、海淀圆明园花园别墅、朝阳莱蒙湖社区设置了 5 套智能配送柜，已实现网络订购有机蔬菜 70 多吨，销售额接近 200 万元。

这种模式的主要特点和运作方式如下：

(1)主要特点　做到“四个统一”。

统一种植计划，以“工业化”模式组织生产，每天保证提供50余种菜品。

统一防治，从以色列引进滴灌技术和沼液技术，提高种植品质，主打有机蔬菜，拒绝任何人工合成物。

统一包装，建立蔬菜追溯码系统，蔬菜有了身份证，出生时间轻松可查。

统一配送，你可选择货到付款，也可网上支付，可选择送货上门，也可选择到社区的智能配送柜自取。生产基地在北京延庆，主要供应北京五环内市场，对接15个农宅社区，消费者拥有自己的物流终端——社区智能配送柜，农场的配送人员将菜品、杂粮放入配送柜，将取菜的密码短信发送到注册时的手机上，消费者可以凭密码随时取菜，没有智能配送柜的小区，可选择送货上门方式，5千克以上订单免费送货。

(2)运作方式

消费者通过手机短信、网络、现场等不同方式下达订单之后，订单通过智能配送管理与订购系统直接传到生产基地，生产基地根据生产情况给配送中心提交配送单，配送中心根据配送单将农产品送达指定地点，智能配送管理与订购系统短信通知消费者取货。消费者可以通过智能配送管理与订购系统随时查询农产品绿色履历及生长情况，合作社也可以通过该系统随时查询配送柜存储情况（图 7-3、图 7-4、图 7-5）。

图 7-3　放置在高档小区、机关单位和写字楼的智能配送柜

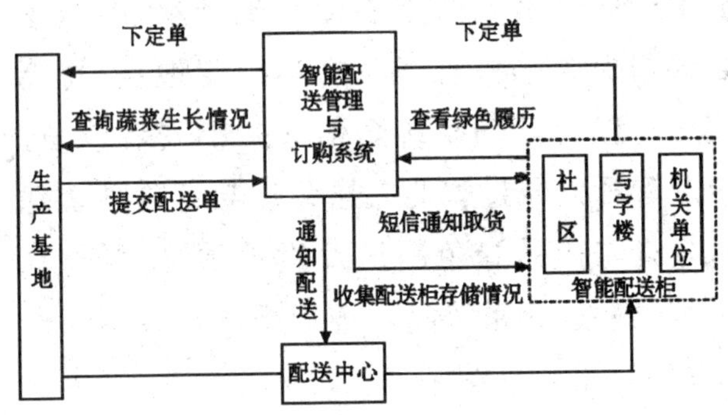

图 7-4　智能配送运作方式

订购　支付　采摘　包装　配送　送达　取菜　售后

- 订购：网络、电话、现场三种订购方式，根据您的情况轻松选购。
- 支付：提供网络支付、现金支付、预付费三种方式，灵活支付。
- 采摘：根据您的订购需求，配送当天在农场采摘的新鲜果蔬。
- 配送：智能社区配送，登堂不入室，确保隐私和安全，不见面交接，不需等待，配送信息短信通知，货物和人员身份认证确保交付无误。
- 取菜：在您时间方便时，凭会员卡或密码开启配送柜提取产品。
- 售后：客服电话回访精进服务；会员增值服务。

图 7-5　智能配送操作流程

2. 周末车载菜市场模式

该模式主要针对广大社区居民消费者。合作社把装载着新鲜农产品的货车直接开到社区门口，满足社区居民日常消费。国务院前总理温家宝在调研周末蔬菜直销市场情况时总结为“两个满意”，一个是生产者满意，一个是消费者满意。直销市场的蔬菜平均售价较周边菜市场和超市低出 20%～30%。同时，农民合作社向农民收购蔬菜价格普遍高于市场收购价的 10%。据了解，上海、重庆、济南等 20 多个城市也启动了蔬菜直销市场建设工作。

思考题：

1. 传统农产品销售渠道存在的主要问题有哪些？

2. 结合实际，简述农产品销售渠道创新方式。

第八 讲

便宜没好货,好货不便宜

——农产品定价策略与技巧

"便宜没好货,好货不便宜",是消费者对产品质量与价格关系的普遍认识。那么,如何让消费者相信你的产品优质优价,愿意花钱购买呢?这需要改变你的定价策略,掌握定价的技巧,从由市场牵着走的被动定价方式,向引导消费的主动定价方式转变。

【案　例】

一粒枸杞到底能卖多少钱?

宁夏百瑞源枸杞产业发展有限公司在销售枸杞的过程中发现,市场上销售的宁夏枸杞大部分是散装的,产品的售价也比较低,农民销售枸杞通常是按照成本加成的方法定价,农民只能获得较小的收益。百瑞源公司把枸杞定位成“养生专家”,把枸杞从土特产品的概念提升为养生滋补产品,这样一来,枸杞的销售价位自然也提升了,20 元一袋的枸杞,在市场上卖 200 多元一袋。

百瑞源公司还对枸杞进行了 755 项技术指标的检测,这几乎是行业里面最严格的检测标准,从而使枸杞成为一个完完全全的农药还是有害物质零残留的枸杞。在此基础上,提出了“小产区珍稀枸杞”概念。并在终端市场把价格定在了2 000 元钱,是普通枸杞价格的 100 倍,刷新了宁夏枸杞有史以来最高零售价格的纪录。此外,该公司还根据包装和产品等级,将枸杞的价格定在 34.5～

2 980 元，满足不同消费者的需求。

哈佛商学院雷曼德·考利曾经提出，定价是极其重要的，整个市场的营销点就在于定价决策。那么，如何给你的农产品卖个好价钱？应当学会一只眼睛要紧盯田园里，另一只眼睛要紧盯市场，为了能够在激烈的市场竞争中保持优势，就必须理解农产品的定价策略和技巧。

一、农产品定价需要考虑的因素

（一）经营目标

要明确个人或企业的目标是什么，是增加市场份额，改善企业收入，最大化利润，还是其他目标。

（二）产品的成本

农产品的价格必须能够补偿产品生产及市场营销的所有支出，并补偿商品的经营者为其所承担的风险支出。

（三）市场需求

成本决定了价格的底线，需求则是制定

价格的“天花板”。如果农产品生产经营者能让顾客充分地认识到产品能带来的价值，当顾客关心这种价值胜过计较价格的时候，就可以把价格定得较高。

（四）竞争状况

农产品生产经营者在做价格决策时，需要考虑竞争者的成本、价格及对自身价格变动可能做出的反应。

【案　例】

一个消费者在购买一箱伊利软包装牛奶时，往往会将伊利的这种纯牛奶与光明、蒙牛、香满楼、扬子江等相近的纯牛奶的价格进行对比，最后做出是否购买伊利牛奶的决定。对于卖家而言，如果农产品属于大路货，就只能随行就市，如果农产品属于名特优产品就可以把价格定得高一些。

二、农产品定价方法

(一)保本定价法

把价格定在和生产成本相等的水平上。农产品的生产成本一般由以下一些费用支出项目构成:农地租赁费用,大棚建设投资等固定成本,种子、肥料、饲料、农药、燃料、电力、机耕的费用等可变成本,以及农机具、役畜、生产建筑物的折旧费和劳动报酬开支等。

(二)成本加成定价法

按产品单位成本加上一定比例的毛利定出销售价,这是一种比较常见的产品定价方法。一般而言,农产品的毛利水平应在6%~15%之间较为合理,特色农产品的毛利可以定得更高一些。其计算公式为:

商品的单价=单位总成本* ×

(1+商品的毛利率**)

* 商品的单位总成本是根据保本定价法计算的成本;

** 商品的加成率按6%~15%计算,或者根据产品特征选择合适的加成率。

（三）目标利润定价法

根据总成本和预期销售量，确定一个目标利润率，并以此作为定价的标准。其计算公式为：

$$商品价格=\frac{总成本\times(1+目标利润率)}{预计销量}$$

（四）竞争导向定价法

竞争导向定价法是农产品生产经营者通过研究同行业的竞争对手生产条件、服务状况、价格水平等因素，依据自身的竞争实力，参考成本和供求状况来确定价格。一般而言，农产品采取随行就市的定价方法，也就是将价格定在市场平均价格水平上，也可以根据自身特点，选取低于或高于竞争者的价格作为本产品价格，这一方法关键是生产者能够让消费者相信自己生产的产品与其他人的产品有差异。

此外，农产品定价还有按照市场长期以来形成的习惯价格定价；依据消费者能够接受的最终销售价格，考虑中间商的成本及正常利润后，逆向推算出产品的价格方法等。

三、农产品定价流程

（一）测定市场需求

测定目标市场上消费者对拟投放市场的农产品价格的主观评价，不同价格条件下农产品的需求量，以及价格变化引发的需求增减情况。

（二）测算成本

分析不同生产条件下生产成本的变化。

（三）分析竞争者的产品与价格

调查顾客对市场上竞争者的农产品的态度、价格等。重点调查分析竞争者的产品质量、价格、可能做出的反应、替代产品的生产等有关情况。

（四）选择定价方法，确定最终价格

选择合适的定价方法，结合国家有关的政策法规、物价总体变动趋势以及未来市场的整体走向，在此基础上最终确定价格。

四、农产品定价策略

农产品定价策略是根据农产品特征和市场条件，综合考虑影响价格的各种因素，运用具体的定价方法，对农产品价格进行决策。常用的定价策略有以下几种。

(一)渗透定价策略

农产品的同一个品种具有较大的同质性，因此经营者往往采取低价来吸引众多消费者。这种策略的优势在于：低价低利润能够有效地阻止竞争者加入，产品能较长时间地占领市场。这种策略主要包括以下3种。

1. 高质中价定位

优质农产品的价格定在中等水平上，以价格的优势吸引众多的消费者，使消费者感到花中等的价格获得高品质消费。

2. 中质低价定位

向消费者提供符合一般标准的产品，使顾客以较低的价格，获得信得过的产品，通过低价提高市场的占有率。

3. 低质低价定位

产品没有质量优势，唯一有的是价格优

势。这一策略主要迎合一些低收入阶层。能够通过销售量的增加使产品的生产成本下降，且目标市场的顾客对价格非常敏感。如果发现竞争加剧，经营者应考虑有更低成本的产品推出。

渗透价格策略的适用范围为：新产品进入市场；产品市场规模大，市场竞争性较强；产品需求弹性较大，消费者对产品价格反应敏感，稍微降价就会刺激需求；大批量生产能显著降低成本；薄利多销的利润总额大于按正常价格销售的利润总额。

（二）高位定价策略

新产品进入市场后经营者有意识地把产品价格定得大大高于成本，使其能在短时间内把开发新产品的投资和预定的利润迅速收回。产品价格定到什么程度不以成本为标准，只要能满足顾客的炫耀心理，能显示出商品的高品质、高附加值即可。如本讲开篇的案例，一粒枸杞的定价策略。

高位定价策略的适用范围为：这一策略的实施往往配合以强大的宣传攻势，将产品推向市场，使消费者尽快地认识新产品，在短时间内形成强烈的需求欲望和购买动机。

（三）尾数定价策略

一般消费者往往认为尾数价格是经过精密计算的，因而产生一种真实感、信任感、便宜感。尾数定价策略可以顺应某些地区、民族的风俗习惯，从而有利于扩大销售。如1 000 克鸡蛋标价 5.90 元，比标价 6.00 元更能吸引顾客。现在用得尾数比较多的还有8，取“发财”中“发”的谐音。

（四）整数定价策略

根据消费者自尊心理的需要，对一些高级商品要采取整数定价，因为这种定价能满足顾客的虚荣心。例如一盒水果礼品如果定价为 59 元，就不如定价 60 元为好。因为顾客心里感觉 59 元只是 50 多元，没有超过 60 元，心理上得不到满足，不易引起购买动机。

（五）分档定价策略

分档定价就是根据不同顾客、不同时间和不同场所，在经营不同牌号、不同花色和规格的同类产品时，不是一种商品一个价格，而是把商品分为几个档次，每一档次定一个价格。

1. 会员定价

对会员顾客实行价格优惠5%～10%。

2. 分级定价

如把同为红富士品种的苹果按照大小分成不同的等级，每个等级确定一个价格；出售猪肉时，根据不同部位确定不同的价格。

3. 时间分档定价

同样的新鲜蔬菜在元旦、春节期间价格要比平时高出一倍，甚至几倍。

（六）折扣定价策略

折扣定价策略指经营者在顾客购买商品达到一定数量或金额时予以价格折扣。折扣定价策略包括以下几种：

1. 数量（金额）折扣

指卖主为了鼓励消费者多购买，达到一定数量（或金额）时给予某种程度的折扣，如经营者可以将苹果价格定为3.5元/500克，消费者买得多可以按10元1 500克的价格计算。

2. 现金折扣

现金折扣是指消费者在赊销购物时，如果买方以现金付款或者提前付款，可以得到原定价格一定折扣的优惠。主要是销售商为及时回收货款而采取的一种价格促销方式。

3. 交易折扣

交易折扣表现在农产品销售中为产地价、批发价、零售价的差价。一般而言，批发商给予较多折扣，零售商给予较小折扣。

五、农产品定价技巧

(一)利用消费者心理定价

1. 送礼心理

对于作为送礼用途的农产品价格要适当高一些，因为价格太低，消费者会认为拿不出手，但价格太高，消费者会认为不值得，将寻找其他礼品替代。

2. 实惠心理

对于大众化、没有经过加工的一般农产品，尤其是自家消费的农产品，消费者一般存在实惠心理，一斤蔬菜定价 0.9 元，远比定价 1 元要吸引人，所以这类农产品定价最好不要超过整数，1.8、1.9 元比定价 2 元要好卖得多。

3.“一分价钱一分货”心理

对于粗加工农产品，消费者存在“一分价钱一分货”心理，消费者认为单价为 2.1 元的商品比单价为 2 元的商品质量要好，这类商品就不要采取薄利多销方法。不过，生产者对这类商品一定要把好质量关，让消费者认为多掏 1 角钱值得。因为，消费者一般是重复购买，并且是买几种牌子进行比较，因此经营者要搞出质量差异，否则，价格比别人高，质量却不如别人，消费者就不会买账。

（二）随行就市定价

一般农产品差别不是很大，价格太高消费者会嫌贵，价格太低消费者会产生怀疑心理，因此经营者可以把农产品价格保持在同行业平均价格水平上，这种定价方法比较保险。

（三）先低后高定价

对于刚刚进入市场的新产品，为了在竞争中获得一定市场份额，前期可以低价位进入，消费者对产品价格反应敏感，低价能够刺激需求量增多，当低价赢得消费者、产品已经深入人心时，可适当找机会提价，如物价普遍上涨、恶劣天气等。

(四)先高后低定价

【案 例】

北京某一有机农产品,当天的蔬菜10元每盒,第二天就成了10元两盒,既抓住了高端消费者对蔬菜优质高价的需求,又抓住了对价格敏感的消费者的需求。对于刚进入某一地区销售的农产品,可以先给出较高的价格吸引人的眼球,在合适的机会以低价促进销售,让消费者认为用较低的价格购买了高价产品,并且这一方法可以交替使用。

(五)寻找价格盲点

对市场进行细分,分析同类产品不同的价格是否都有竞争对手。例如现在附加值低的产品较多,我们就可以生产优质农产品,以高价销售,占领高端市场。根据不同的细分市场中竞争对手的实力状况,抢占弱势竞争对手的市场份额。还可以通过转变产品的销售领域来寻找价格盲点。

【案　例】

几年前的温州蜜橘市场价格低迷，但有些人发现橘片加工的厂家正需要这些温州蜜橘做原料，产品销路应该不成问题，于是承包了大面积温州蜜橘园，结果他们赚得比其他柑橘品种种植户多得多。

（六）分部位定价

将农产品分拆为几部分分别定价。比如，整鸡价钱较便宜，可将整鸡分部位分别定价，如分成鸡腿、鸡爪、鸡心来卖；把猪肉分等级深加工上市，把猪皮、猪毛、肥膘、猪骨等卖给不同厂家单独加工，如此便能大大增加收入。

（七）模糊定价

把一些畅销产品与滞销商品或两种滞销商品进行组合定价销售，这样可以把高利润或附加利润隐藏在低价产品背后。变换产品包装也可以模糊定价，如推出小包装产品，价格较低，让顾客产生产品很便宜的错觉，其实这样的产品利润更高，而且降低了购买的门槛，很容易使顾客产生冲动购买的欲望。

（八）价格分割

价格分割是一种心理策略，要让消费者感受到你只从他兜里掏了很少很少一部分，而非一大把。采用这种技巧，能造成买方心理上的价格便宜感。我们可以用较小的单位报价，比如茶叶每500克100元定成10元/100克，70元一袋10千克的优质大米定成3.5元/500克等。

思考题：

1. 农产品定价的基本方法有哪些？
2. 结合本企业实际说明农产品定价流程。
3. 试比较说明农产品定价的主要策略。
4. 试说明农产品定价有哪些技巧？

第九讲

马有夜草脚力足

——国家涉农项目申报

村里能发财的项目真不少，但就是罗锅上村——钱紧。让亲戚朋友帮衬帮衬，咱搭不起这人情。向银行贷款，门难进脸难看，咱不想找这个麻烦。专家倒是给出了个主意，说去找个大老板，搞什么项目对接就有钱了。真是站着说话不腰疼，咱是土里刨食的本分人，跟大老板可差着好几层关系呢。“马无夜草不肥”，那咱的“夜草”又在哪里呢？这几年，国家给看好的项目奖励老鼻子钱了，于是，咱开始关心政策、联系政府，就想从国家涉农项目中获得资金支持，给咱的项目添点“夜草”，增强点“脚力”。

【案 例】

通过国家涉农项目申报，提升经营服务水平

某农业产业化龙头企业，依托其领办的农民专业合作社＋基地＋农户的形式从事鸵鸟养殖与加工。后申报国家农业综合开发供销合作总社新型合作社示范项目，获得100万元国家财政资金和30万元地方配套资金。在申报该项目当初，有些人不理解，认为申报国家项目要找专家、整材料、跑关系，多费劲儿啊，还不一定能争取到，是瞎折腾。但是，在项目申报的过程中，公司不断地完善管理上的一些问题，最终不但项目申报成功，更重要的是公司的管理又上了一个台阶。基地挂上“农业综合开发项目”的牌子后，又吸引了一位美籍华人上千万元的投资，准备办一个鸵鸟乐园。有人问投资人为什么敢把钱投到这家企业，他回答说因为他是国家财政资金扶持的企业，应当是一个规范发展的、符合国家产业政策的企业，所以我敢把钱投给它。

由此看到，国家涉农项目的申报，不仅仅是获得国家财政资金的支持，同时也是撬动社会资本的力量，更重要的是提升管理水平的重要途径。

一、什么是项目申报

项目申报是指企业或其他社会经济组织为争取国家和相关政府部门的优惠政策和资金支持，对项目的全过程进行计划、组织、指挥、协调、控制和评价，以实现项目目标的全过程。由此看出，项目申报具有以下特点。

（一）目的性

项目申报具有明确的目的性，为了争取政策或者资金支持。

（二）时效性

项目申报有明确的起点和终点，必须在规定的时段内，按照规定的流程报送所需的材料。

（三）风险性

项目申报全力争取不一定保证成功，但

不争取一定不会成功。

(四)独特性

每个项目都是独特的,没有可以完全照搬的先例,也不会有完全相同的复制。

(五)系统性

项目申报涉及的专业广泛,一个项目书的编写可能涉及工程技术人员、财务人员、农业生产技术人员等,因此,对整合资源的能力要求较高。

二、涉农项目申报的渠道主要有哪些

在我国,几乎国务院所属的和涉农有关的部门都对农业项目有不同程度的投资。包括国家发展改革委、财政部、农业部、水利部、林业总局、商务部、科技部、工业与信息化部、环保部以及中华全国供销合作总社等。因此,可根据自身发展需要选择不同的渠道争取发展资金。

(一)国家发展改革委主要涉农项目

主要包括农业产业化项目、畜禽标准化

养殖场建设项目等十几个项目。基本在国家发展改革委农经司，部分项目和农业部等相关部委重复或联合申报。

（二）国家财政部涉农项目

国家财政部的主要涉农项目包括：①农业科技成果转化项目；②农业科技推广示范项目；③农民专业合作组织发展资金项目；④“万村千乡”和“双百”市场工程项目；⑤农业产业化项目；⑥扶贫项目；⑦农业综合开发产业化经营项目；⑧农业综合开发新农村建设示范项目；⑨农业综合开发土地治理项目；⑩农业综合开发部门项目（农业部、水利部、国家林业总局、供销总社等）。

前6个项目在国家财政部农业司，存在和相关部门联合申报的问题；7～10项在财政部国家农业综合开发办，其中部门项目要求和相关部门联合申报。

（三）农业部涉农项目

国家农业部涉农项目多而且很具体，如财政专项就包括农民专业合作组织示范项目、农业产业化项目、“一村一品”特色产业项目、农产品促销项目等17个项目。点击农业部网站，在财务司、农机化司等分管司局的网页上，可以查询到项目管理的内容。

（四）科技部涉农项目

主要包括农业科技攻关计划项目、星火计划项目、科技创新计划项目、农业科技成果推广计划项目、国际科技合作计划项目等五大类，具体涉及 20 多个项目。

（五）商务部涉农项目

主要包括“万村千乡市场工程”项目、农产品“农超对接”项目、“双百市场工程”建设项目、完善农业生产资料市场体系项目等近 10 个项目。以上所列项目可统称为农村物流服务体系发展专项资金项目，由流通体系建设司负责。

（六）工业与信息化部涉农项目

包括除种植养殖以外的农产品加工业、农业生产资料制造业等的技术改造项目、节能减排项目、资源综合利用项目和信息化项目、农产品流通业的信息化项目等。

（七）环境保护部涉农项目

主要包括农村饮用水水源地保护、畜禽

养殖污染治理、农业面源污染和土壤污染防治等其他与村庄环境质量改善密切相关的环境综合整治措施。

要了解更多的国家财政支持项目，可以登录有关政府部门的网站查询。

三、国家涉农项目的主要特点有哪些

从上述涉农项目申报的渠道来看，可以概括为支持的部门多，扶持的项目也多。这些项目具有以下特点。

（一）投资渠道

以国家发展改革委、财政部和其他相关部委联合申报的多；专业部委单独申报的少。

（二）扶持方式

分为补贴（或以奖代补）、资本金入股、贷款贴息三种方式。

（三）资金额度

发改委、财政部额度大，相关部委相对小。

(四)申报条件

项目申报是一个动态的活动，一个具体项目的申报条件几乎每年都有变化。因此，请密切关注项目申报文件中，申报当年的条件要求。

(五)申报程序

以县、地(市)、省(市)、国家四级层层管理为主。

四、如何进行项目申报管理

(一)了解涉农项目申报特点

全面了解涉农项目申报的特点，是提高项目申报成功率的前提，将此概况为以下几点。

1. 项目体制

由于政府体制的现实情况，项目申报表现为多渠道、多类型(具体内容见本讲第二个问题)。

特别提示：禁止"多头申报"。一个项目不能同时向多个部门，申请多个项目，套取国家财政资金。

2. 投资特点

政府投资办事转为花钱买成果。因此，进行项目申报一定要反映项目单位的实力与能力，以及项目将产生的社会及经济效益。

3. 立项理念

“三农”问题是涉农项目立项的基本理念，应当注重项目在助农增收、农村社会经济问题改善上的影响。

4. 项目目标

国家、地方财政与政策支持，撬动社会资本。每个涉农项目扶持的资金从几十万元至上百万元不等，但是关键的在于通过政府资金的支持，可以产生良好的社会影响，从而获得更多的社会资本的投入。

5. 运作方法

项目是跑出来的，做到“三勤”，眼勤、腿勤、嘴勤。

6. 项目指导

项目评审由多个领域的专家共同完成，因此，项目申报对专业要求程度较高，聘请专家参与设计论证，获得成功的机会更大。

(二)获取项目申报信息

在前面已经提到,项目的运作方法要做到"三勤",就是获取项目申报信息的方式。归纳来说,可以有以下途径。

1. 加强政策学习,领会文件精神

国家发布的涉及"三农"问题的文件,结合文件基本精神的要求,明确扶持的方向和重点。

2. 密切关注政府部门网站发布的信息

政府网站是政府信息公开的主要渠道,因此,浏览政府网站,点击相关部委的业务司局,就可查询到有关项目申报的信息。

3. 同政府部门建立良好关系

通过政府部门组织培训、学习等各种机会,多展示成绩和能力,在此基础上提出亟待解决的问题,以此引起重视。

4. 经常与同行进行信息交流

与同行之间的信息交流,不仅可以获得申报信息,而且还可以学习申报的经验。

(三)加强项目申报管理

项目申报管理应当注重项目申报流程,分阶段有侧重的推进项目申报工作。

1. 项目前期的准备工作

项目前期的准备工作　包括前期调查、收集信息、项目设计、分析与立项等，特别是要认真研读项目申报指南。阅读项目申报指南的重点包括：把握扶持方向和扶持范围；把握立项条件；把握项目单位应具备的条件。

2. 成立项目组

由项目单位的主要负责人担任组长，授权安排一个协助人具体负责，再吸收项目单位以及社会上的专家共同组成。

3. 项目的规划与激励

项目申报难度大，适当的激励调动积极性；项目申报与绩效考核挂钩。

4. 项目申报过程控制

项目申报是一项复杂的系统工程，其过程会遇到各种困难和问题，需全面管理。因此，应当建立必要的督促机制，如：项目例会、进度通报等，及时沟通、便于协调。

五、如何编写项目可行性研究报告

项目申报的材料一般分为 2 种，一是项目申报书（表），另一种是项目可行性研究报告。前一种主要是图表的方式，相对简单；后一种相对复杂，基本要求由专家编写。如《国家农业综合开发资金和项目管理办法》第33条明确规定："农业综合开发项目可行性研究报告应由具备相应资质的单位编制或组织有关专家编制。"

（一）应当重视的基本编写要点有哪些

无论是项目申报书（表）还是可行性研究报告，编写时都应当注意以下问题。

1. 充分重视项目申报的名称

选择的项目主题一定要突出，切忌主题不突出，项目内容杂乱无章。如肉牛屠宰企业同时建设养殖基地、饲料加工、饲草基地、熟制品加工、骨粉加工、血制品加工等，项目应突出重点，项目申报不等于企业规划。因此，所选择的项目应该是一个点，而不是一个面。项目名称一般应反映出产品类型、生产规模、建设性质三个方面，如2 000亩富硒苹果园区扩建项目。

2. 充分重视项目单位应具备的条件

项目承担单位是实施项目的主体，每个

涉农项目在申报指南中都有明确要求。项目单位情况是各省应审核的重点之一，也是专家审核的重点。

审核条件分为硬条件和软条件，硬条件主要是定量条件，如成立时间、资产负债率、净资产、固定资产净值、盈利状况、带动农户数等指标；软条件主要指定性条件，如法人代表的诚信、知识结构，企业产权、管理制度等。

3. 充分重视国家投资资金的使用范围

项目资金的使用范围，根据每年财政资金的扶持范围及扶持重点等要求，都会做出具体的规定。项目资金的合理使用不仅是保证项目实施的基础，也是专家重点审核的内容之一。

4. 充分重视要求的附件和材料

附表、附图及附件，是反映项目申报基本情况的直接材料，起到佐证相关条件的证据作用，如法人营业执照，直接反映项目单位的成立时间等基本情况；农产品有机认证证书、商标注册证明等，直接反映农产品的品质及品牌；示范社证书，直接反映合作社的荣誉等等。如，合作社申请农业综合开发新型合作示范项目，涉及的基本内容及附图、附件的要求(表 9-1)。

表 9-1　基本要求与附图、附件

项目单位的合规性	①项目单位法人资格证明;②项目单位财务状况
选项的合理性	①选项与项目单位主营业务相关性;②土地来源及用途的合规性;③环境保护手续的合规性;④资金筹措方案的可靠性;⑤社员意愿情况
格式的合规性	①格式合规性;②资料的完整性;③资料的真实性
附图	①地理位置图,②现状图,③总平面布置图
附件	①项目逐级联合上报文件及财政资金承诺函(复印件);②项目单位营业执照、组织机构代码证及税务登记证;③社会中介机构出具的项目单位财务审计报告;④自筹资金来源证明材料;⑤土地使用证或租赁合同;⑥环保部门审批(登记)意见;⑦供销合作社入股情况证明材料、股东构成情况资料及工商登记档案信息查询证明;⑧与农户签订的种植养殖订单合同或协议;⑨有关加工销售合同或协议;⑩报告中项目单位及项目情况介绍所涉及的相关证明材料;⑪其他附件

(二)项目可行性研究报告编写要点

1. 项目总论

项目总论是对整个可行性研究主要结论的概括。一般包括项目单位基本情况、项目建设方案、投资结构及资金来源、项目效益、可行性研究报告编制依据和综合评价几个内容。

编写注意事项:①简明扼要,只说结果,不说过程;②一定和后面各章节研究结论一致,尤其是数字不能有矛盾(包括投资、资金筹措和效益分析相关数据);③综合评价不需讲道理,摆论据;④论证结论只需要明确可行还是不可行,不需用夸张的语言及文学修饰,如"项目建设是必要的、技术是先进的、经济是合理的"等描述;⑤存在问题与建议要紧紧围绕项目的实际,切忌提到问题就是资金短缺,建议政府给予资金扶持等。

2. 项目背景及必要性

这是可研报告的重点内容之一。包括项目建设背景和项目建设的必要性两部分内容。其中项目背景中要求阐述项目提出的理由和主要依据，和避免与项目建设的必要性有所重复。

3. 建设条件

主要包括项目区概况和项目建设条件优劣势分析两个内容。项目区概况中，着重注意项目关联产业发展现状及项目建设地点的选择。项目关联产业发展现状要对与项目有关的产前、产中、产后发展现状进行系统的描述，并通过其描述判断所选择的项目在整个产业化环节中的地位和作用，扮演什么角色。

4. 市场分析与销售方案

这部分内容也是可研报告的重点内容之一。包括市场分析，营销策略、方案、模式和市场风险分析三部分内容。

市场分析要注意：①紧紧围绕项目所涉及的产品及相关产品进行分析；②尽量用数字进行定量分析；③说清市场缺口和自身的竞争优势(如品牌、价格等)。

5. 建设方案

主要包括产品方案和建设规模，建设规划和布局，建设标准和产品标准，技术(工艺)方案，设备方案，建筑方案和实施进度安排七个部分内容。本部分内容技术性要求较高，应当聘用专业的工程技术人员编写。

6. 环境影响与节能评价

主要包括环境影响评价和节能评价两部分。

注意的问题：①要说清主要的污染源及污染物是什么；②如何保护环境以及采取什么措施治理污染；③是否对环境造成污染或有利于环境保护的评价，是否获得审批。

7. 项目组织与管理

主要包括组织机构与职能划分、劳动定员、经营管理措施、技术培训和劳动安全、卫生和消防5个部分。可以采取比较直观的图表式、表格式的表现形式予以说明。

8. 投资估算与资金来源

是可研报告的重点内容之一。一般包括投资估算依据，投资估算，资金来源，资金使用和管理等内容。可以通过财政资金明细表反映资金的来源及用途。

9. 财务评价

主要包括财务评价依据，销售（营业）收入、销售（营业）税金和附加估算，总成本及经营成本估算，财务效益分析，不确定性分析和财务评价结论。

10. 社会效益分析

主要包括促进结构调整及示范性分析，加快农产品流通、转化及标准化、规模化生产分析，项目带动及辐射能力分析，提升农产品科技含量的作用以及对比分析。①体现项目在当地整个农业产业化经营中的地位和作用；②体现项目带动的基地数量、农户数量、带动农户方式（体现特色，不能简单的就是订单、合同等常规形式），农民增加的收入（和非项目区比较）。

思考题：

1. 什么是项目申报？如何认识项目申报的意义？

2. 国家涉农项目主要有哪些特点？你认为通过什么方式能够争取到国家项目？

3. 项目申报指南的阅读应重点关注哪些内容？

4. 项目可行性研究报告编写基本要点有哪些？

第十讲

土堆土成墙，人帮人成城

——新型农村合作金融组织规范运营

老话说“土堆土成墙，人帮人成城”。农民合作社的成员把零散的闲钱集中起来，以互助金的形式，交由合作社统一管理，为合作社成员生产经营的资金缺口解燃眉之急。这种邻里间的资金互助，是政策鼓励发展的新型农村合作金融组织模式。

【案　例】

唐山最大农民合作社 2.47 亿股金遭查封事件调查[①]

河北唐山遵化市惠民农资专业合作社是 2010 年 9 月 26 日由 71 名农民自愿联合组建，2012 年 6 月加入河北省农业信用合作协会，有分社 14 个，村级服务站 132 个，入社社员近 2 万户、入股股金 2.47 亿元。日常为社员提供农业生产资料的购买，农产品的销售、加工、运输、贮藏以及与农业生产经营有关的技术、信息等服务。2013 年 12 月，遵化市政府清理整顿惠民农合社，并以非法集资为由要求资金互助社停业，清理所有股金。惠民合作社的负责人及农户普遍感到困惑和无助，农合社已经办了快 3 年一直深受欢迎，突然这样我们也不知道该怎么办了。一位农合社负责人称：“惠民农合社入会都是农民自愿申请的，股金互助只限本社社员，不存在向社

① 摘自 2014 年 1 月 17 日《华夏日报》

会不特定公众吸收资金，也没有承诺一定期限内以货币、实物、股权等方式还本付息或者给予回报，按法律的四个条件哪个也够不上怎么就突然成了非法集资呢？”

从这个案例中引发出很多值得我们思考的问题：如何理解和贯彻2014年中央一号文件的精神，怎样发展新型农村合作金融组织，如何规范运营合作金融组织，如何界定与防范非法集资等等。

一、什么是新型农村合作金融组织

2008年党的十七届三中全会文件中提出“允许有条件的农民专业合作社开展信用合作”。2014年中央一号文件对此问题高度关注，在以往原则性规定的基础上，明确提出“发展新型农村合作金融组织”，并且做出了较为具体的规定：“在管理民主、运行规范、带动力强的农民合作社和供销合作社基础上，培育发展农村合作金融，不断丰富农村地区金融机构类型。坚持社员制、封闭性原则，在不对外吸储放贷、不支付固定回报的前提下，推动社区性农村资金互助组织发展。”因此，根据2014年中央一号文件的规定，我们可以将新型农村合作金融组织定义为：在管理民主、运行规范、带动力强的农民合作社和供销合作社基础上，坚持社员制、封闭性原则，实行不对外吸储放贷、不支付固定回报的社区性农村资金互助组织。

从以上表述看出，新型农村合作金融组织具有以下特点：

（一）不同于传统合作金融组织

所谓的新型，一般理解有两个参照系：一是不同于农村信用社系统，该系统历史上曾经是农民的信用合作组织，近年来，农村信用社的改革“去合作化”倾向明显，改革的主要方向是股份制，现在已经基本上改制成商业性金融机构；二是不同于近些年涌现出来的村镇银行和小额贷款公司等，因为这些新成立的农村金融机构属于商业性金融机构，也不具有合作制的特点。①

---

① 《发展新型农村合作金融要清除障碍》，徐祥临，2014年3月17日，《农民日报》

(二)不同于商业性金融机构

合作性金融与商业性金融的区别见表10-1。

表 10-1　合作性金融与商业性金融之间的主要区别

	合作性金融	商业性金融
设立目的	不以盈利为目的，其主要目的是满足社员的信贷需求和为社员提供金融服务	追求利润最大化
管理制度	实行一人一票的民主管理制度，最高机构是社员代表大会	表决权取决于股权，出资越多、表决权越大，决策机构是股东大会、董事会
资金来源	主要来自社员的股金和公积金，资金运用也主要针对社员，体现互助共济特点	主要来源于企事业单位和居民等社会成员的储蓄，资金运用也针对全体社会成员而不是指定成员
盈余分配	除了分红和积累资本外，还要按照社员与信用社的交易量返还给社员	按照股权比例进行分配

由此可见，非营利性、民主管理、自主自立、按交易量返还等原则是合作性金融区别于商业性金融的方面。①

（三）以农民合作社和供销合作社为发展基础

在管理民主、运行规范、带动力强的农民合作社和供销合作社基础上，培育发展农村合作金融，是2014年中央一号文件的明确规定。其主旨是将农民合作经济组织的生产经营活动与资金需求紧密结合起来，一方面从根本上解决合作社发展的资金问题，另一方面杜绝社会上非法集资的现象干扰合作社的经济活动。

（四）坚持社员制、封闭性原则，具有社区互助性质

新型农村合作金融组织运行的基本要求：一是坚持封闭运营与社区互助性，即在特定区域、特定成员之间开展资金互助服务，不向社会扩散；二是体现人人为我、我为人人的

① 《发展新型合作金融》，汪小亚，2014年第5期《中国金融》

合作制理念，将资金互助与生产经营结合在一起，有别于商业金融，不支付固定回报。

二、为什么要发展新型农村合作金融组织

农户贷款难是目前农业生产和经营中所面临的突出问题，商业金融逐利的特性、政策与法律上的制度缺陷、农村熟人社会的自然状态以及农户贷款的内在需求，都在客观上推动了我国农村合作金融的发展。

（一）商业性金融贷款难

在商业性金融为主导的农村金融模式下，由于农户经营规模小，贷款额度也小，商业银行很难准确掌握农户的信用状况，系统性金融风险很高，所以，商业银行对于向小农户提供贷款的积极性普遍不高。

（二）农村熟人社会具备发展合作金融组织的天然条件

在农村合作金融模式下，系统性金融风险却能够降到最低程度。因为农村是个熟人社会，农村合作金融组织的社员之间彼此熟

悉，在合作金融模式下，社员之间形成紧密的利益关系，在存款、贷款、利差分享等全部经营活动中，通过民主管理，能够最大限度地做到信息对称。也就是说，某个农户贷款之后做什么，能够取得什么效益，是否能够还本付息，社员之间都一清二楚，作为金融机构获得这些重要信息的管理成本非常低，这是商业性金融机构所不及的。①

（三）国内外合作金融发展的实践推动

自 1848 年德国成立世界上第一家合作金融组织——拉夫森（Friedrich Raiffeisen）信用合作社以来，合作金融经历了 150 多年的发展历史，而且不论是在发达国家还是发展中国家，合作金融组织都广泛存在。不少合作银行至今仍是国际上有竞争实力的金融机构，如德国合作银行、荷兰合作银行等。此外，日本、韩国和我国台湾地区都建立起了较成功的合作金融机构和组织体系。② 我国对

---

① 《发展新型农村合作金融要清除障碍》，徐祥临，2014 年 3 月 17 日，《农民日报》

② 《发展新型农村合作金融》，汪小亚，2014 年第 5 期《中国金融》

合作金融发展之路的探索也一直没有停止过（见表10-2）。

表10-2　农村资金互助组织的类型

分类标准	类　型
根据规范程度	①经过银监部门批准，在工商部门登记成立的； ②经过当地农工办批准，在民政部门登记成立的； ③依托农民专业合作社，自行成立的
根据产生的动机	①外生型； ②内生型
根据社员来源	①来自于一个农民专业合作社的成员； ②来自于两个或两个以上农民专业合作社的成员

（四）政策法律缺陷制约了合作金融的发展

我国《农民专业合作社法》第2条第2款规定，农民专业合作社以其成员为主要服务对象，提供农业生产资料的购买，农产品的销售、加工、运输、贮藏以及与农业生产经营有关的技术、信息等服务。

此外，《农村资金互助社管理暂行规定》（银监发〔2007〕7号）第2条规定：农村资金互助社是指经银行业监督管理机构批准，由乡（镇）、行政村农民和农村小企业自愿入股组成，为社员提供存款、贷款、结算等业务的社区互助性银行业金融机构。

从上述两个文件的规定看出，农民专业合作社作为经济组织，存在资金需求，却没有明确其可以开展互助金融服务；而农村资金互助社是互助性银行业金融机构，但其不以经济活动为基础。因此，我国现阶段人为地将金融与经济合作制度供给分开，是不符合实践发展要求的，应尽早做出调整。这也是农民合作组织与工商企业和银行的一个区别，是合作组织的特质规定。①

与此同时，我们还应该清楚地看到，《农民专业合作社法》既没有明确赋予农民专业合作社开展互助金融服务的权限；也没有明确禁止开展此项业务。农民专业合作社作为一类市场经营主体，根据基本法理的规定，法无命令禁止的行为即可为，这就为我们在农民专业合作社内部开展资金互助扫清了法理障碍。

---

① 《新型农村合作金融组织与推进农村改革十大关系》，姜柏林，百度文库

三、怎样发展新型农村合作金融组织

2007年，银监会先后颁布了3个有关农村资金互助社的文件，包括《农村资金互助社管理暂行规定》（银监发〔2007〕7号）、关于印发《农村资金互助社组建审批工作指引》的通知（银监发〔2007〕10号）和关于印发《农村资金互助社示范章程》的通知（银监办发〔2007〕51号）。按照上述3个文件的基本要求，农村资金互助社应当经银监部门审批，经工商部门登记成立。由于严格的前置审批制度，因此，自2007年银监会批准成立资金互助社49家以来，最近几年一直没有突破。

根据2014年中央一号文件的精神，新型农村合作金融组织，不同于银监会文件规定之处在于，其以农民合作社或供销合作社为建立基础，将金融与经济活动同时置于合作经济组织中，从根本上改变了将金融服务与经济活动相脱节的法律与制度设计上的缺陷。但是，由于目前《农民专业合作社法》尚未修改，相关配套文件没有出台，因此，如何发展新型农村合作经济组织亦处于探索实践阶段，应当谨慎为之。

（一）坚持民主管理与规范运行的原则

新型农村合作经济组织是建立在农民合作社基础上的互助金融组织。民主管理既是合作制的基本原则，也是2014年中央一号文件提出的建立新型农村合作经济组织的基本要求。因此，开展合作金融必须坚持民主管理的原则，按照《农民专业合作社法》的规定，由社员大会或社员代表大会民主决策。

【案　例】

北京市通州区农民专业合作社资金互助管理办法（试行）第二条规定，通州区农民专业合作社资金互助（以下简称“合作社资金互助”）是指经农民专业合作社全体社员大会决议通过，由农民专业合作社内全体或部分社员自愿入资组成，在出资社员内提供互助金借款业务的农民专业合作社内互助性资金服务行为。

规范运行是防范风险的第一道防线。北京通州区的做法，即通过社会大会及自愿入资，体现了民主管理，同时又明确资金来源与用途，充分反映了社区互助，封闭运行的规范要求。

（二）坚持社区互助性质

在特定区域、特定成员间开展资金互助，即社区互助性，是合作金融组织的基本性质，也是防范资金外流导致合作社成员无法及时获得资金支持，以及避免外部资金进入导致非法集资等法律风险的必要防线。

（三）坚持封闭运行的操作方法

封闭运行的要求是，只在社员内部吸收存款和发放贷款，避免外部资金进入以及防止内部资金外流，有的合作社将其称之为“两头堵死”。

【案　例】

实践中，有些地方的做法是，合作社社员可以根据个人意愿进行分类，分为普通社员和股东社员。普通社员，享受分息，但不分红、不担责；股东社员，认购股本、不许退股，分红担责，但不计息。

（四）坚持采取有效担保的措施

由于农民缺乏有效担保物，是向金融机构贷款遇到的最大障碍，以资金互助为依托的合作金融组织，在担保方式上可以有多重设计。

【案　例】

有些地方依托农村熟人社会的特点，聘请有一定声望的人员，如退休的信用社工作人员、村委会干部等做协管员，负责对贷款成员的资信情况提供调查并担保。借款社员按时还款，协管员按照一定比例从还款金额中提成；如若违约，则可从协管员预交的风险抵押金中按比例扣除。还有的地方采取社员联保的方式，要求所有社员借款必须由至少一名股东社员作担保，以其股本金的80%为担保上限，其余部分将贷款社员的专业生产经营设施作为抵押物提供辅助担保。

（五）坚持小额、便捷的运行方法

农户贷款资金小，是商业金融机构不愿向农户贷款的主要原因。那么，以社区互助性为基础建立的农村合作金融组织，则应当以此为己任。具体可参考《农村资金互助社管理暂行规定》（银监发〔2007〕7 号）中的规定：对单一社员的贷款总额不得超过资本净额的 15%；对单一农村小企业社员及其关联企业社员、单一农民社员及其在同一户口簿上的其他社员贷款总额不得超过资本净额的 20%；对前 10 大户贷款总额不得超过资本净额的 50%。

【案　例】

有的资金互助合作社公开承诺，借入互助金 2 000 元以下实行免担保直接投放；5 000元以下实行当场论证审批投放；10 000 元以下实行当天论证审批投放；10 000 元以上 2 日内论证审批投放等。还有的合作社规定，单笔最高贷款不得超过5万元。

(六)坚持联合合作的发展方向

目前，农村资金互助组织的资金规模普遍偏小，在一定程度上还难以从根本上解决资金短缺的问题。因此，农村资金互助组织如何走出散、小、弱的困境，迫在眉睫。通过农民专业合作社联合社、供销合作社、行业协会等机构，搭建一个类似融资担保公司性质的融资平台，将其所属的农村资金互助组织联合起来，一方面可以在合作社之间进行资金的调剂，另一方面可以与大型商业银行等金融机构对接，解决融资难题。

四、如何界定非法集资

农村金融发展中的风险既有市场风险，又有法律风险。市场风险需要我们通过实践的积累，依靠经验进行防范；而法律风险，特别需要我们提高法律意识，依靠法律知识加以防范。相对而言，市场风险具有不确定性，而法律风险是可以控制的。

（一）非法集资犯罪的类型

我国刑法规定的非法集资犯罪，具体包括：非法吸收公众存款罪（刑法 176 条规定）；擅自发行股票、公司、企业债券罪（刑法 179 条规定）；集资诈骗罪（刑法 192 条规定）；欺诈发行股票、债券罪（刑法 160 条规定）。

针对近年来非法集资犯罪活动持续高发的严峻形势，最高人民法院会同有关部门，专门制定了《最高人民法院关于审理非法集资刑事案件具体应用法律若干问题的解释》，并于 2011 年 1 月 4 日起施行。2014 年 3 月 25 日最高人民法院、最高人民检察院和公安部联合发布《关于办理非法集资刑事案件适用法律若干问题的意见》，为打击此类犯罪提供了有力的执法依据。

（二）非法集资犯罪的认定

民间融资是指自然人、法人或其他组织之间，在不违反法律规定的前提下，发生的借贷行为，也是为了生产和经营的需要，解决资金短缺的合法民事行为；非法集资犯罪则是破坏金融秩序或以非法占有为目的的刑事犯罪行为，这两种行为性质截然不同，决不能混为一谈。

非法集资犯罪的认定，根据最高人民法院关于审理非法集资刑事案件具体应用法律若干问题的解释，其中违反国家金融管理法律规定，向社会公众（包括单位和个人）吸收资金的行为，需同时具备的 4 个条件：①未经有关部门依法批准或者借用合法经营的形式吸收资金；②通过媒体、推介会、传单、手机短信等途径向社会公开宣传；③承诺在一定期限内以货币、实物、股权等方式还本付息或者给付回报；④向社会公众即社会不特定对象吸收资金。

在非法集资犯罪中，发案率最高的是非法吸收公众存款罪和集资诈骗罪。

非法吸收公众存款罪，是指违反国家有关规定，非法吸收公众存款或者变相非法吸收公众存款，扰乱金融秩序的行为；集资诈骗犯罪，是指以非法占有为目的，使用诈骗方法非法向社会公众募集资金，数额较大的行为。

集资诈骗罪和非法吸收公众存款罪在客观上均表现为向社会公众非法吸收资金，区别的关键在于行为人是否具有非法占有的目的。根据最高人民法院相关司法解释的规定，使用诈骗方法非法集资，具有下列情形之一的，可以认定为“以非法占有为目的”：①集资后不用于生产经营活动或者用于生产经营活动与筹集资金规模明显不成比例，致使集资款不能返还的；②肆意挥霍集资款，致使集资款不能返还的；③携带集资款逃匿的；④将集资款用于违法犯罪活动的；⑤抽逃、转移资金、隐匿财产，逃避返还资金的；⑥隐匿、销毁账目，或者搞假破产、假倒闭，逃避返还资金的；⑦拒不交代资金去向，逃避返还资金的；⑧其他可以认定非法占有目的的情形。

（三）集资诈骗犯罪的危害和处罚

非法集资犯罪一直是司法机关打击的重点，其中，危害最为突出的是集资诈骗犯罪。为此我国刑法对集资诈骗罪规定了比较严厉的刑罚，其中数额特别巨大并且给国家和人民利益造成特别重大损失的，处无期徒刑或者死刑，并处没收财产。

思考题：

1. 结合 2014 年中央一号文件，理解什么是新型农村合作金融组织？

2. 合作金融与商业金融的主要区别有哪些?

3. 新型农村合作金融组织如何做到规范运营?

4. 什么是非法集资?有哪几个构成要件?

5. 非法吸收公众存款罪与集资诈骗罪的主要区别是什么?

第十一讲

从一根筷子到一把筷子

——农民合作社组织与管理

这年头单干的日子越来越不好过，巴掌大的一块地儿，生满老茧的一双手，没日没夜地干，年关一算账，没剩几个钱。自从政府让搞合作社，搭伙搞生产，有钱的出钱、有力的出力，抱团闯市场。终于明白了一个道理"一根筷子容易折，一把筷子不易断"。

【案 例】

一个合作社带出人均万元村[①]

四川省阆中市方山乡农民素有种植生姜的传统习惯。其中，雪洞村 444 户 1 500 多人，家家户户都种姜，由于生产基地多处于山区，交通不便，加上无品牌卖不出价，积极性不高，有些村民索性撂地不种了。

如何让老百姓依靠生姜实现真正富裕？2007 年年初，雪洞村支部书记冯林牵头成立了雪洞生姜专业合作社，并全票通过兼任理事长。他上任后干了几件漂亮事儿：第一，打通合作社发展的“毛细血管”。当年争取到农业综合开发等涉农项目资金 500 余万元，改造了合作社核心示范基地 1 000 亩的基础设施，形成了田成方、土成型，田网、路网、水网配套，灌、排、蓄功能齐全后，合作社又成功注册了“雪洞牌”生姜商标。第二，科技创新提高效益。合作社带领姜农们开展生姜高产栽

① 摘自 2014 年 1 月 15 日《农民日报》，阮蓓

培技术攻关。用新技术种姜栽得多，种出的姜卖相好产量高，亩产可达5000千克。普通生姜种植每亩毛利润5500元，利用新技术生产每亩的毛利润可达1.1万元。2008年雪洞村村民种生姜，人均生姜收入超过了1万元，一跃成为全乡的“首富村”。第三，深挖生姜增值空间。建立了两个生姜保鲜库，3万吨生姜制品生产线，年加工生姜27万吨，开发了姜油、姜片、姜茶等22个系列产品，为姜农产前、产中、产后提供了一条龙服务。

从这个案例中我们看到，农民加入合作社后，通过组织化的生产，提高了产量、找到了市场，实现了增收致富。那么，合作社如何才能吸引农户加入，农户如何加入合作社，在合作社中享有哪些权利？本讲将逐一给出答案。

一、合作社主要有哪些政策法律支持与保护

我国《农民专业合作社法》第8条规定：“国家通过财政支持、税收优惠和金融、科技、

人才的扶持以及产业政策引导等措施，促进农民专业合作社的发展。”可见，对合作社的支持是多层次、多形式、多方面的。

（一）法律体系的支撑与保护

我国已初步建立起农民专业合作社法律体系，具体包括《农民专业合作社法》、《农民专业合作社登记管理条例》（已修改）、《农民专业合作社示范章程》、《农民专业合作社财务会计制度（试行）》。可概括为“一法一条例一章程一制度”。

（二）涉农项目资金的大力扶持

在本书第九讲中已经介绍，此处不再赘述。

（三）税收优惠的实施

《农民专业合作社法》第 52 条规定，农民专业合作社享受国家规定的对农业生产、加工、流通、服务和其他涉农经济活动相应的税收优惠。财政部国家税务总局关于农民专业合作社有关税收政策的通知（财税[2008]81号）：①对农民专业合作社销售本社成员生产的农业产品，视同农业生产者销售自产农业产品免征增值税;②对农民专业合作社向本社成员销售的农膜、种子、种苗、化肥、农药、农机,免征增值税;③增值税一般纳税人从农民专业合作社购进的免税农业产品,可按13%的扣除率计算抵扣增值税进项税额;④对农民专业合作社与本社成员签订的农业产品和农业生产资料购销合同,免征印花税。

(四)金融服务的支持

除了金融机构贷款资金增加投入外,更重要的体现在农村金融服务的创新,特别是对农民专业合作社开展资金互助活动给予政策支持(具体内容见第十讲)。

(五)科技与培训服务

“加大对新型职业农民和新型农业经营主体领办人的教育培训力度”,是2014年中央一号文件提出的要求(具体内容见第一讲)。

二、为什么要加入合作社

(一)合作社能够为成员提供服务

我国70%～80%的农民专业合作社以

从事种植业和养殖业为主。为此，《农民专业合作社法》第2条第2款明确规定，农民专业合作社以其成员为主要服务对象，提供农业生产资料的购买，农产品的销售、加工、运输、贮藏以及与农业生产经营有关的技术、信息等服务。因此，合作社为成员提供服务既是法律的要求，也是吸引农民加入的客观需要。

（二）合作社能够为成员提供哪些服务

从合作社提供的服务内容来看，包括了从生产到最终销售的各个环节。因此，一个能够吸引农民加入的合作社，即使不能满足全程的服务，至少也能提供两项以上的服务，才能对农民产生足够的吸引力。

（三）合作社为什么能够向社员提供服务

合作社是通过服务吸引农民加入的。那么，合作社为什么能够向社员提供服务，关键在于合作社具备了组织生产与销售的能力。

1. 合作社有组织成员生产的能力

如表11-1所反映的，合作社能够在产

前、产中和产后帮助农民解决实际困难。如，合作社与农民签订合同，保证产前购入质优价低的种子、农药等，农民放心生产；产中提供及时的技术指导；产后按照协议价收购，可以不受市场行情的影响。

表 11-1　农民专业合作社的服务

产前	统一农业投入品的采购和供应
产中	①统一技术辅导和培训； ②统一注册(使用)商标和包装； ③统一产品和基地的认证认定
产后	①统一开展运输、储藏等服务； ②统一销售成员产品。

2. 合作社有制定生产技术和产品质量标准的能力

农产品质量安全以及追溯体系的建立，是确保食品安全的基础与关键。合作社把农民组织起来生产，就是要求农民按照统一的生产流程、统一的生产技术和统一的质量标准从事科学化、标准化、规范化的生产，从而确保农产品生产的质量。

3. 合作社有与企业签订合同的能力

由于标准化、规模化的生产，使得合作社

的产品质量安全可靠，数量稳定有保障，有了实现“农超对接”、“农企对接”、“农校对接”等订单生产的基础。

4. 合作社有与成员签订收购合同的能力

因为合作社能够为农民生产的产品找到销路，所以，合作社也就具备了与成员签订收购合同，保证销售的能力。

三、怎么加入合作社

（一）什么人可以加入合作社

根据法律规定，农民专业合作社的成员为5人以上（表11-2）。

表11-2　农民专业合作社的成员

<table>
<tr><th colspan="2">种　类</th><th>比　例</th></tr>
<tr><td rowspan="2">个人成员</td><td>农民</td><td>80%以上</td></tr>
<tr><td>城市居民</td><td></td></tr>
<tr><td>单位成员</td><td>企业
事业单位
社会团体</td><td>①成员总数在20人以下的，可以有1个单位成员；
②成员总数超过20人的，单位成员不得超过成员总数的5%</td></tr>
</table>

(二)怎样加入合作社

根据我国《农民专业合作社法》第18条的规定,按照合作社章程履行出资义务,是成为合作社成员的基本要求。那么,成员可以用什么作为出资呢(表11-3)?

表11-3　农民专业合作社的出资方式

允许的方式	货币、实物、知识产权等
不允许的方式	劳务、信用、自然人姓名、商誉、特许经营权、设定担保的财产

以上是《农民专业合作社法》及其登记管理条例所做的规定。此外,土地使用权能否作为出资方式。目前,在政策和实践中都得到了肯定。2013年中央一号文件明确:“坚持依法自愿有偿原则,引导农村土地承包经营权有序流转,鼓励和支持承包土地向专业大户、家庭农场、农民合作社流转,发展多种形式的适度规模经营。”

四、合作社成员享有哪些权利

农民专业合作社是民有、民管、民受益的

经济互助组织。合作社成员享有充分的民主权利，以及利益分配的主张。

(一)民主管理的权利

成员的民主管理权利主要体现在以下几个方面。

1. 选举权与被选举权

社员大会是农民专业合作社的最高权力机构，享有选举和罢免理事长、理事、执行监事或者监事会成员的权利，以及决定聘用经营管理人员和专业技术人员的数量、资格和任期。

2. 重大事项的决策权

如决定重大财产处置、对外投资等事项。

3. 提议召开成员大会的权利

根据法律规定成员大会每年至少召开一次，另外，经30%以上的成员提议，应当召开临时成员大会。

4. 行使表决权

如，法律规定章程的修改应当经2/3以上成员表决方能通过。

(二)入社与退社自由的权利

农民专业合作社成员实行入社自愿、退

社自由的原则。

凡是符合社员资格，遵守合作社章程，在履行出资义务后，都可以成为合作社的成员。

成员提出退社申请，合作社不得设置障碍，只能按照章程的规定要求申请退社的成员承担债务或者继续履行合同义务。

（三）知情权与监督权

主要体现在对合作社财务状况及经营状况的了解与监督。

查阅本社的章程、成员名册、成员大会或者成员代表大会记录、理事会会议决议、监事会会议决议、财务会计报告和会计账簿。

每季末向成员公布财务状况，公开资料要置于办公地点明显位置便于阅览。

设有执行监事（或监事会），对日常财务进行审核监督。

年度审计、专项审计和换届、离任审计要接受经管部门的审计和监督。

（四）享有合作社提供服务的权利

如前所述，合作社应当为成员提供产前、产中及产后的各项服务，此外，成员还有使用合作社设施及场地的权利。

(五)盈余分配的权利

农民专业合作社应当为每个成员设立成员账户,主要记载下列内容:①该成员的出资额;②量化为该成员的公积金份额;③该成员与本社的交易量(额)。

此外,盈余分配应当按照法律规定的程序和要求进行。具体内容见第十二讲。

五、如何组织管理合作社

(一)合作社的章程

农民专业合作社的章程既是其设立时必须提交的文件,更是其进行组织管理、经营活动和利益分配等活动的规范性文件,因此,章程的内容以及制定修改的程序必须符合法律规定(表 11-1)。

表 11-1 章程的内容与制定、修改

基本内容	①《农民专业合作社法》第 12 条; ②《农民专业合作社示范章程》
制定与修改	①制定须经设立大会通过; ②修改章程应当由本社成员表决权总数的 2/3 以上通过

(二)合作社的组织机构

农民专业合作社的组织机构是代表合作社活动,行使相应职权的权力机关、决策机关、监督机关和执行机关所组成的合作社机关。合作社组织机构是合作社法规定的,具有强制性,也是合作社得以设立的必要条件(图 11-1)。

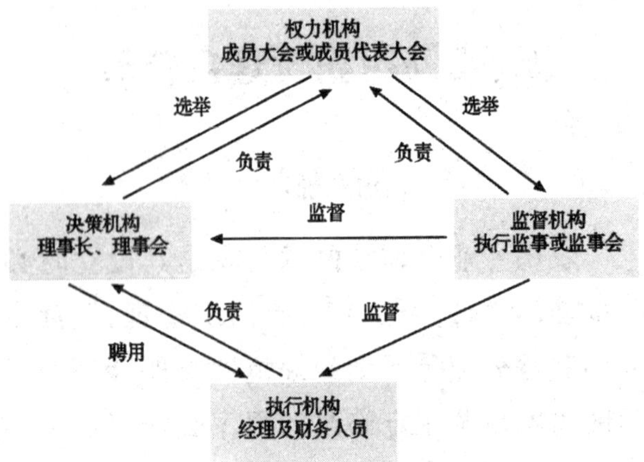

图 11-1　农民专业合作社组织机构

1. 合作社的应设机构和选设机构

《农民专业合作社法》规定,农民专业合作社成员大会由全体成员组成,是本社的权力机构。农民专业合作社设理事长一名,理事长为本社的法定代表人,可以设理事会;农民专业合作社可以设执行监事或者监事会。从以上规定来看，合作社的成员大会或成员代表大会、理事长为必设机构，理事会、监事会或执行监事为选设机构。

2. 理事长等管理人员能否在其他合作社任职

法律规定，农民专业合作社的理事长、理事、经理不得兼任业务性质相同的其他农民专业合作社的理事长、理事、监事、经理。因此，如若上述管理人员在两个业务内容不相同的合作社兼职，是不被法律限制的。

3. 管理人员的义务

法律明确规定，农民专业合作社的理事长、理事和管理人员不得有下列行为：①侵占、挪用或者私分本社资产；②违反章程规定或者未经成员大会同意，将本社资金借贷给他人或者以本社资产为他人提供担保；③接受他人与本社交易的佣金归为己有；④从事损害本社经济利益的其他活动。

理事长、理事和管理人员违反上述规定所得的收入，应当归本社所有；给本社造成损失的，应当承担赔偿责任。

思考题：

1. 我国农民专业合作社的法律体系主要包括哪些法律、法规？

2. 农民专业合作社成员的基本组成有哪些要求？

3. 合作社应当为成员提供哪些服务？

4. 合作社成员主要享有哪些权利？

5. 合作社应当建立哪些组织机构？

第十二讲

不会算，一年辛苦全白干

——职业农民的基本财务素养

常言道："吃不穷，穿不穷，算计不到就受穷"。老百姓居家过日子，钱要算计着花。这个道理从职业农民的角度讲，就是要知道自己的钱从哪里来，应该用到哪里去，培养起基本的财务素养。基本财务素养的培养，需要从基础的财务知识入手，学会记账、算账和看账。否则，不会算，一年辛苦全白干。

【案　例】

在甘肃的一次农民专业合作社理事长座谈会上，几位理事长深有感触地说："现在的感觉是，我们是一批篮球运动员，会投篮，不会计分"。为了帮助职业农民解决这一财务上的困惑，也为了农民专业合作社的健康发展，职业农民的基本财务素养这一讲将重点关注他们工作中必须解决的三个基本财务问题：一是农民合作社盈余及盈余分配表与盈余管理；二是农民合作社资产负债表与财务风险控制；三是农民专业合作社财务会计制度。

一、农民专业合作社盈余及盈余分配表与盈余管理

（一）什么是盈余及盈余分配表

盈余是在一定期间（年度）内合作社从事生产经营和服务活动取得的净收益，是一定期间的财务成果。盈余及盈余分配表是反映

合作社在一定期间内实现盈余及其分配情况的财务报表。盈余及盈余分配表就如同生活中的一段录像，能够记录和报告合作社生产经营的一个过程。合作社盈余及盈余分配表的作用主要有 2 点。

一是计算和报告合作社在某一会计期间盈余形成的过程，包括实现的收入、发生的费用和实现的盈余。

二是计算和报告合作社可分配盈余、盈余分配和年末未分配盈余（表 12-1）。

表 12-1 盈余及盈余分配表

编制单位： 年 单位：元 会农社 02 表

项 目	行 次	金 额	项 目	行 次	金 额
本年盈余			盈余分配		
一、经营收入	1		四、本年盈余	16	
加：投资收益	2		加：期初未分配盈余	17	
减：经营支出	5		其他转入	18	
管理费用	6		五、可分配盈余	21	
二、经营收益	10		减：提取盈余公积	22	
加：其他收入	11		盈余返还	23	
减：其他支出	12		剩余盈余分配	24	
三、本年盈余	15		六、年末未分配盈余	28	

（二）合作社盈余计算

盈余是合作社在一定期间（年度）内从事生产经营和服务活动取得的净收益，是一定期间的财务成果。合作社的盈余归全体成员所有，其构成可用下列公式表示：

本年盈余＝经营收益＋其他收入－其他支出

其中：经营收益＝经营收入＋投资收益－经营支出－管理费用

“经营收入”：反映合作社进行生产、销售、服务、劳务等活动取得的收入总额。

“投资收益”：反映合作社以各种方式对外投资所取得的收益。

“经营支出”：反映合作社进行生产、销售、服务、劳务等活动发生的费用。

“管理费用”：反映合作社为组织和管理生产经营服务活动而发生的费用。

“其他收入”和“其他支出”：反映合作社除从事主要生产经营活动以外而取得的收入、发生的支出。

“本年盈余”：反映合作社本年实现的盈余总额，如为亏损总额，本项目数字以“－”表示。

(三)盈余分配管理

1. 合作社年度可分配盈余与年末未分配盈余计算

合作社年度可分配盈余与年末未分配盈余计算公式如下：

可分配盈余＝本年盈余＋年初未分配盈余＋其他转入

年末未分配盈余＝可分配盈余－提取盈余公积－盈余返还－剩余盈余分配

“年初未分配盈余”：反映合作社上年度未分配的盈余。

“其他转入”：反映合作社按规定用公积金弥补亏损等转入的数额。

“可分配盈余”：反映合作社年末可供分配的盈余总额。

“提取盈余公积”：反映合作社按规定提取的盈余公积数额。

“盈余返还”：反映合作社按交易量(额)应返还给成员的盈余。

“剩余盈余分配”：反映合作社按规定应分配给成员的剩余可分配盈余。

“年末未分配盈余”：反映合作社年末累

计未分配的盈余，如为未弥补的亏损，本项目数字以"－"号表示。

2. 盈余分配的管理

农民专业合作社的盈余分配必须按照《中华人民共和国农民专业合作社法》、《农民专业合作社财务会计制度（试行）》、《农民专业合作社章程》的规定，制定盈余分配方案。分配方案必须经过农民专业合作社成员大会或成员代表大会讨论通过后方可执行。合作社盈余分配的基本程序如下。

（1）弥补以前年度亏损　根据《中华人民共和国农民专业合作社法》规定，合作社的当年盈余首先用于弥补以前年度亏损。

（2）按照章程规定或成员大会决议提取公积金　根据《中华人民共和国农民专业合作社法》规定，农民专业合作社可以按照章程或者合作社成员大会的决议从当年的盈余中提取盈余公积，并按年度量化为每个成员的份额。但是否提取盈余公积、提多少盈余公积，由合作社章程规定或合作社成员大会决议确定。

（3）向成员返还盈余　根据《中华人民共和国农民专业合作社法》规定，合作社当年的可分配盈余按照下列规定返还或者分配给成员，具体分配办法按照章程规定或成员大会决议确定。

①按成员与本合作社交易量（额）比例返还，返还总额不得低于可分配盈余的60%，该部分返还简称按合作社成员交易量（额）返还。

②按前项规定返还后的余额部分，以成员账户中记载的出资额和公积金份额，以及合作社接受国家财政直接补助和他人捐赠形成的财产平均量化到成员的份额，按比例分配给本社成员，该部分返还简称按合作社成员财产份额返还。

二、农民专业合作社资产负债表与财务风险管理

（一）什么是资产负债表

资产负债表又称财务状况表，是反映合作社在一定日期（如在月末、季末、半年末或年末）资产、负债和所有者权益情况的会计报表。资产负债表就如同生活中的一张照片，能够记录和报告的是一个合作社的精彩瞬

间。资产负债表设计原理是会计恒等式，用公式表示为：

资产＝负债＋所有者权益

在某一特定时点，资产等于负债加所有者权益的数量关系是永恒的。资产讲的是在特定时点合作社拥有哪些可供使用的经济资源，负债和所有者权益揭示的是这些资产是从哪儿来的，即资产的来源或权利，它们是同一事物的两个方面。资产等于负债加所有者权益的公式，又称之为会计恒等式，会计恒等式是我们设计资产负债表的基本依据。资产负债表的格式如表 12-2 所示。

表 12-2　资产负债表

资　产	行次	年初数	年末数	负债和所有者权益	行次	年初数	年末数
流动资产				流动负债			
货币资金	1			短期借款	30		
应收款项	5			应付款项	31		
存货	6			应付工资	32		
流动资产合计	10			应付盈余返还	33		
				应付剩余盈余	35		
长期资产				流动负债合计	36		

续表 12-2

资　　产	行次	年初数	年末数	负债和所有者权益	行次	年初数	年末数
对外投资	11						
农业资产：				长期负债			
畜牧(禽)资产	12			长期借款	40		
林木资产	13			专项应付款	41		
农业资产合计	15			长期负债合计	42		
固定资产：				负债合计	43		
固定资产原值	16						
减:累计折旧	17			所有者权益			
固定资产净值	20			股金	44		
固定资产清理	21			专项基金	45		
在建工程	22			资本公积	46		
固定资产合计	25			盈余公积	47		
其他资产：				未分配盈余	50		
无形资产	27			所有者权益合计	51		
长期资产合计	28						
资产总计	29			负债及所有者权益合计	54		

编制单位：　　　年　　月　　日　　单位:元　会农社 01 表

(二) 资产负债表的内容注释

1. 资产项目

分别列示流动资产和长期资产两大类。

(1)流动资产　是指可以在一年或超过一年的一个营业周期内变现或耗用的资产，农民专业合作社的流动资产主要包括以下几项。

①“货币资金”：反映合作社库存现金、银行结算户存款等货币资金的合计数。

②“应收款项”：反映合作社应收而未收回和暂付的各种款项。

③“存货”：反映合作社年末在库、在途和在加工中的各项存货的价值，包括各种材料、燃料、机械零配件、包装物、种子、化肥、农药、农产品、在产品、半成品、产成品等。

(2)长期资产

①“对外投资”：反映合作社的各种投资的账面余额。

②“牲畜(禽)资产”：反映合作社购入或培育的幼禽及育肥畜和产役畜的账面余额。

③“林木资产”：反映合作社购入或营造的林木的账面余额。

④“固定资产原值”和“累计折旧”：反映合作社各种固定资产原值及累计折旧。

⑤“固定资产清理”：反映合作社因出售、报废、毁损等原因转入清理但尚未清理完毕的固定资产的账面净值，以及固定资产清理过程中发生的清理费用和变价收入等各项金额的差额。

⑥“在建工程”：反映合作社各项尚未完工

或已完工但尚未办理竣工决算和交付使用的工程项目的实际成本。

⑦“无形资产”:反映合作社持有的各项无形资产的账面余额。

2. 负债项目

分别列示流动负债和长期负债。

(1)流动负债　是指偿还期限在一年以内(包括一年)的债务。

①“短期借款”:反映合作社借入尚未归还的一年期(含一年)的借款。

②“应付款项”:反映合作社应付而未付及暂收的各种款项。

③“应付工资”:反映合作社已提取但尚未支付的人员工资。

④“应付盈余返还”:反映合作社按交易量(额)应支付但尚未支付给成员的可分配的盈余返还。

⑤“应付剩余盈余”:反映合作社以成员账户中记载的出资额和公积金份额,以及合作社接受国家财政直接补助和他人捐赠形成的财产平均量化到本社社员的、应支付但尚未支付给社员的剩余盈余。

(2)长期负债　是指偿还期限在一年以上

的债务。

①“长期借款”：反映合作社借入尚未归还的一年期以上(不含一年)的借款。

②“专项应付款”：反映合作社实际收到国家财政直接补助而尚未使用和结转的资金数额。

3. 所有者权益项目

是指合作社社员对合作社资产拥有的所有权。

①“股金”：反映合作社实际收到社员投入的股金总额。

②“专项基金”：反映合作社通过国家财政直接补助转入和他人捐赠形成的专项基金总额。

③“资本公积”：反映合作社资本公积的账面余额。

④“盈余公积”：反映合作社盈余公积账面余额。

⑤“未分配盈余”：反映合作社尚未分配的盈余。

(三)资产负债表的作用

资产负债表能够提供合作社在某一日期资

产、负债、所有者权益及其相互关系的财务信息，它就好比是生活中的一张照片，记录了企业在月末或年末的一个精彩瞬间。它的作用至少可以表现在以下几个方面。

第一，可以提供合作社在某一个特定日期拥有的资产总量及其结构的财务信息。资产负债表可以展示合作社的实力，报告资源结构。

第二，可以提供合作社在特定日期的负债总额及其结构的财务信息。资产负债表可以告诉我们合作社在特定时点承担的债务总额、债务项目及偿还债务时间。

第三，可以反映在特定时点所有者对合作社资产拥有的权益及形成原因。

第四，将一定时期的资产、负债和所有者权益进行比较，就可以观察合作社财务发展变化的趋势。

第五，借助资产负债表的分析，还可以判断合作社是否健康，有助于合作社管理层做出经济决策。如我们通过计算资产负债率，可以判断合作社的潜在风险有多大；通过计算流动比率和速动比率，可以判断合作社短期偿债能力强不强，尤其是可以判断合作社是否可以岁岁平安。我们通过对资产的分析，可以了解资产的质量高不高，资产的结构是否合理，资产的使用效率高不高。我们通过对负债的分析，可以进一步排查合作社的现实风险和或有风险。

三、农民专业合作社财务会计制度

为了规范农民专业合作社（以下简称合作社）会计工作，保护农民专业合作社及其成员合法权益，财政部于2007年10月20日发布了《农民专业合作社财务会计制度（试行）》（财会[2007]15号），要求合作社自2008年1月1日起施行。《农民专业合作社财务会计（试行）》对合作社的财务会计工作提出以下要求：

①《农民专业合作社财务会计制度（试行）》适用于依照《中华人民共和国农民专业合作社法》设立并取得法人资格的合作社。

②合作社应根据《农民专业合作社财务会计制度（试行）》的规定和会计业务需要，设置会计账簿，配备必要的会计人员。不具备条件的，也可以本着民主、自愿的原则，委托农村经营管理机构或代理记账、核算。

③合作社应按照《农民专业合作社财务会计制度（试行）》规定，设置和使用会计科目，登

记会计账簿，编制会计报表。

④合作社的会计核算以人民币“元”为金额单位，“元”以下填至“分”；采用权责发生制；应当划分会计期间，分期结算账目，会计年度自1月1日起至12月31日止。

⑤会计记账方法采用借贷记账法。

⑥合作社会计信息应定期、及时向本合作社成员公开，接受成员的监督。对于成员提出的问题，会计及管理人员应及时解答，确实存在错误的要立即纠正。

⑦财政部门依照《中华人民共和国会计法》规定的职责，对合作社的会计工作进行管理和监督；农村经营管理部门依照《中华人民共和国农民专业合作社法》和有关法规政策等，对合作社会计工作进行指导和监督。

思考题：

1. 农民专业合作社的盈余由哪些收支组成?

2. 农民专业合作社盈余分配的基本规定和程序是什么?

3. 农民专业合作社的资产由哪几部分组成?

4. 农民专业合作社的负债由哪几部分组成？

5. 农民专业合作社的所有者权益由哪几部分组成？